経営としてのブランディング

Branding as a management imperative

編／インターブランドジャパン

並木将仁／畠山寛光／東洋介／志賀亮子

日本経済新聞出版

まえがき

ブランディングの発展を願って

　私はどうあれば、インターブランドジャパンというブランドを実現できるのだろうか？

　社長に就任した時に、最初にこんな問いを自分に向けた。思うに、ブランディングとは多分にパーソナルである。カタカナをやめれば、"自分事"と表現できるのである。

　これまでインターブランドジャパンとして、様々な形で情報を発信してきたが、書籍という形では2冊。1冊目は2012年に刊行した『ブランディング7つの原則』（日本経済新聞出版）である。この書籍では、ブランディングの実践がわかるように、ハウツー本としても機能するように、という点を大切にした。結果、明確な7ステップはブランドに携わる方々の支持を受け、いまでも愛読いただいている読者が多い。そして2019年に刊行した『ブランディング　7つの原則【実践編】』（日本経済新聞出版）においては、インターブランドジャパンが主催しているJapan Branding Awardsの受賞10企業の事例集を世に発信した。Japan Branding Awardsの精神である「事例の共有を促すことでブランディングがリアルに世に広まる」の加速を目指した書籍である。そのために、受賞企業の実際のブランディングの現場で何が起きているのかをご紹介し、1冊目の『7つの原則』では味付けであった実例を、2冊目の『7つの原則【実践編】』では主菜としてご提供した。

　この2冊を通じて、より適切なブランディングの理解は世の中に広がったと感じている。同時に、この2冊を通じて、ブランディングへのアプローチの"正解"であり"ベストプラクティス"を世の中に作ってしまった側面も否めない。この2冊で紹介した方法論や取り組みは、今の時代でも、そしてこれからも有効である。だが、それだけが正解ではないのである。

本書の目的は、まさにそこである。今の時代における「ブランドの実現」の可能性の広がりと、その必然性を三度世に問いたい。

　本書の構成をまず説明しよう。大きくは、思想編と実践編の2部で構成されている。思想編は序章と第1章から第3章、そして最終前章と最終章。実践編は第4章から第9章までである。

　思想編では、なぜ今のブランディングは変わる必然があり、いま変わることは何を意味しており、それはなぜよいのかを伝えている。ここにおいて我々が重要視しているのは、過去の成功則の形式知化・方法論化を示すことではなく、変化を読み取った時に、必然として、機会として、そして可能性として、「いま何を考えどう動くべきなのか」に対する思想でありメッセージである。

　翻って実践編では、インターブランドの経験と知見という確固たる実績に立脚した、1つの正解の提示を目指している。方法論やケーススタディを中心に、いま読者がやるべきことをできるだけ具体的に、できるだけ実践的に示そうという試みである。

　結果として、思想編と実践編では、内容や表現のテイストがかなり異なっている。特にテイストに関しては、執筆者が分かれているというのも1つの理由である。当然、1つのテイストに集約することもできるのだが、我々としてはこのテイストの違いも含めて味わってほしいと考えている。本書のスタイルの結果をブランド論的に表現すれば、インターブランドが考える強いブランドは、「一貫性があるブランド」から「整合性があるブランド」へとシフトしていることの表現でもあると捉えてほしい。

　では、各章を紹介していく。

　序章では、新しいブランディングを考えたほうがいい理由、考えるべき理由を、よりマクロな視点から説明している。世の中の変化を根底に置き、経営の変化や経営論の変化を捉えている。

　ただ、本書の主題は経営論ではなく、ブランディングである。そこを誤らないように、全ての示唆はブランディングの視点からの再解釈につなげてい

る。そこから導き出される、「リーダーシップ・享受価値・事業との統合」という3つのテーマを導入している。

第1章では、「リーダーシップ」というキーコンセプトを軸にブランドの在り方を探っている。世の中が求めるブランドの在り方を起点に、ブランドがリーダーシップを取るとはどういうことか、それはどのように実現することを考えるべきなのかを描いている。第1章では「ブランドが世界を変える推進役となり媒介役となること」を目指している。

第2章では、「享受価値」という概念をもとに、「人間を軸とした戦略」の根底にある人の捉え方を取り扱っている。概念の紹介はもちろんだが、それが実務においてどんな意味を持ちうるのか、なぜそれは事業においても（ブランドとしてだけでなく）重要なのかを浮き彫りにした。この章では「ブランドがなぜ本質的に人間のことなのか」を「人間とは何か」という哲学的な問いから実務的な視点への橋渡しの中で取り扱っている。

第3章では、事業とブランドを統合するということに挑戦する。特に「人間を軸にする」「体験を軸にする」ことの事業戦略における意味合いや、事業戦略の転換とは何であるかを探りながら、競争戦略から成長戦略へのシフトの在り方を探る。第3章では「ブランドが真に事業と同期する姿」を見つける。ここまでが思想編。

そして、ここからが実践編。第4章では、思想編で説明してきたこれからのブランディングについて、実践していくためにはどうしたらよいのか、第5章から第9章までの全体像としてのフレームワーク「ブランドリーダーシップキャンバス」を紹介する。

第5章では、ブランドリーダーシップキャンバスの基礎となる出発地点（デパーチャーポイント）と目的と目標地点（パーパス&アンビション）について、その意味とその設計アプローチについて説明していく。

第6章では、その出発地点から目標地点へ辿り着くための軌道となる戦略テーマ（トラジェクトリー）、そして軌道推進のための戦略アクション（ムーブス）について説明する。

第7章では、ロードマップの全体に適用されるべきファンダメンタルな要素であるエキスペリエンスについて、全てのブランド体験に差別性と一貫性

を持たせ、顧客との深い絆を築き、最適に価値を蓄積するための仕組みを紹介する。

第8章では、同じくファンダメンタルな要素として、人とカルチャーについて、ブランドが戦略アクションを実行する上で欠かせないリーダーから現場のメンバーまでの行動定義について検討する。

第9章では、実践編の最後にブランド価値とその評価方法について紹介する。企業の重要な資産であるブランド価値の評価方法とそれを活用したブランドマネジメントについて、前著『ブランディング　7つの原則』で紹介した内容に加え、アップデートした部分について触れていく。

ここまでが実践編。

そしてもう一度思想編に戻る。

最終前章では、これからのブランディングにおいて鍵となりうる、倫理・プラットフォーム・（創発的ブランディング）ガバナンスの可能性を探る。また、ここまでの内容を確認する視点として、ブランディングの枠組みの可能性を1つ提示する。この章の目的は、「ブランディングが再び停滞しないためのヒントの提示」である。

そして最終章では、ブランディングを成功させるために必要なことを「お願い」としてお伝えする。ブランディングが失敗する理由やブランディングが時代遅れにならないために、1人ひとりが意識できることをお伝えしている。最終章において「読者が自らを革新しながら成功できる留意点」を伝えることで、本書が知的好奇心を満たす以上の、ハウツー本以上の影響をもたらすことを狙う。

最後に、本書で取り上げている事例やケーススタディは、必ずしもインターブランドが関わったものではない。ボリュームで言えば、インターブランドが関わっていない事例への言及のほうが多いかもしれない。これは、本書の意図として、あるべき姿を浮き彫りにすることに重きを置いているからであり、インターブランドの実績紹介の書籍にする意図がないからである。中立性を担保するために、あえてインターブランドがお関わりした事例ではない事例に言及することを試みた部分もある。

では、次の世界のブランディングを探しにいこう！

2024年12月

執筆者を代表して

並木 将仁

経営としてのブランディング **目次**

まえがき ブランディングの発展を願って ———————————— 3

思想編

序章
ブランディングって、永遠に同じことやってない？

イントロ ————————————————————— 18
ブランドの確実な変化 —————————————————— 19
ブランドの課題 ————————————————————— 21
ブランディングが硬直化している理由 ———————————— 23
なぜブランド理解が固定化しているのか？ —————————— 26
なぜ変革が必要なのか？ ————————————————— 29
ブランディングの変曲点が導く、より人間的ブランドという様相 —— 37
　人を軸とした戦略へ ———————————————————— 37

第1章
ブランディング転換点1：
社会におけるリーダーシップを取る

「社会におけるリーダーシップを取る」とは？ ————————— 40

リーダーシップを取るためには、「人」に着目しなければならない —— 45

フレームワークを使い分ける —— 49

リーダーシップを取ったブランドの姿とは? —— 50

リーダーシップを取るブランドは、どのブランドか? —— 53

ブランドがリーダーシップを取った後に —— 57

COLUMN ブランディングに正解はない —— 58

第 2 章

ブランディング転換点2:
機能価値の勝負から
享受価値の実現にシフトする

イントロ —— 60

ブランドと接する目的 —— 61

享受価値とは何か? —— 64

リーダーシップとの整合性 —— 67

ブランドの関与領域の再定義 —— 68

アリーナ調査の結果が示すwell-being信仰 —— 70

妄信的well-beingの先に —— 75

「らしさ」の整理1:かけ算 —— 76

「らしさ」の整理2:粒度 —— 76

「らしさ」の整理3:個性 —— 77

享受価値を実現するキーワードとしての体験 —— 78

COLUMN 顧客の享受価値を整理した「アリーナ」 —— 81

COLUMN ブランドの基礎確認 —— 89

第3章
ブランディング転換点３：
人基軸の事業の実現と
無形資産への体系的アプローチ

イントロ	96
「全社でブランドに取り組む」ということ	98
事業戦略のパラダイムシフトが強いるブランド戦略の変革	102
人間を軸とした戦略	105
成長戦略の鍵としての体験設計	107
顧客体験からブランド体験への転換	108
ブランドと事業の統合	111
ブランド価値経営という帰結	114
実践編に向けて	115

実践 編

第4章
ブランドリーダーシップ
キャンバス

イントロ	118
ブランドリーダーシップキャンバスとは？	119
ブランドリーダーシップキャンバスの構成要素	121
本アプローチの特徴1	122

本アプローチの特徴2 ——————————————————— 123

Human Truthsとは？ ————————————————— 124

Human Truthsとは、人間の「解決されていない葛藤（tension）」 —— 124

言語化されない葛藤を「洞察する」 ———————————— 125

InsightとHuman Truths ———————————————— 127

Human Truthsはブランドの可能性を広げ、「らしさ」を決定付ける —— 128

COLUMN 中期経営計画をやめる？ ——————————— 130

COLUMN マーケティングに立てるべき「問い」は？ ————— 131

第5章
ワクワクするパーパスの
創造と事業戦略の融合

イントロ ——————————————————————— 134

デパーチャーポイントの確認「今、私たちはどこにいるのか？」 —— 135

ブランドのDNA、企業文化と癖 ——————————————— 136

現在の顧客や他のマルチステークホルダーからの認識と期待 ———— 137

市場と競合の定義および事業上の課題 ————————————— 138

Human Truthsアプローチ・ツール例 ——————————— 138

パーパスの設定 そもそも、なぜ私たちはこの世の中に存在するのか？ —— 142

強いパーパスとは？ ———————————————————— 143

どうパーパスを策定していくのか？ Ethos,Field,Role —— 145

Ethos（この世の中をどのような世界にしていきたいのか？）———— 146

Field（ブランドはどの領域で活動するのか？）————————— 146

Role（どんな役割を果たすことができるのか？）————————— 147

パーパスとして1つにまとめる ——————————————— 148

パーパスはブームなのか？ ————————————————— 149

パーパスだけでは推進力が生まれない？
目標地点を明確にして推進力を生むアンビション —————— 151

アンビションとは？ ———————————————————— 151

よいアンビションの条件とは？ ——————————————— 152

どうアンビションを策定するのか？ ——————————————— 154
経営に実際に落とし込むための価値創造ストーリー事例 —————— 156
　事業のありたい姿を設定 ————————————————— 156
　創出価値の定義 ——————————————————————— 157
　Human Truths ツール＆アプローチ例 ———————————— 158
　パーパスを策定するためのツール ——————————————— 158
　アンビションを策定するためのツール ————————————— 160

第6章
リーダーシップによる軌道描画「トラジェクトリー」とその実現アクション「ムーブス」

イントロ ————————————————————————————— 162
現在地とアンビションのGAPを埋めるための軌道
「トラジェクトリー」策定 ———————————————————— 163
　トラジェクトリーの役割 ——————————————————— 163
　強力なトラジェクトリーの要件 ——————————————— 164
　どうトラジェクトリーを策定するのか？ ——————————— 165
　トラジェクトリーを検討する際の注意点 —————————— 166
軌道推進のための戦略的アクション「ムーブス」 ———————— 168
　強力なムーブスとは何か ——————————————————— 170
具体的なムーブス検討 ————————————————————— 171
　組織カルチャーを変革する —————————————————— 171
　顧客との関係を変化させる —————————————————— 173
　享受価値ベースでの顧客体験構築 —————————————— 174
　社会課題ベースでの事業を加速させるブランド開発 ————— 174
Human Truthsアプローチ・ツール例 ————————————— 178
　トラジェクトリーとムーブスは共創する —————————— 178
　顧客やステークホルダーと「共創する」 —————————— 179

第7章
ブランド体験を構築する要素

イントロ ———————————————————————— 184
「らしさ」が生まれる瞬間 ——————————————————— 185
なぜブランド体験が有効なのか？ ——————————————— 187
  1. 顧客との深いレベルでのつながりを築く —————————— 187
  2. 柔軟で高効率なコミュニケーション ——————————————— 187
  3. 感情に訴えかける ——————————————————————— 188
どのように優れたブランド体験を生み出すか？ —————————— 189
  Feel ブランドの「らしさ」の感覚 ———————————————— 189
  Experience Metaphor ————————————————————— 191
  Experience Principles 常に期待に応えてくれる一貫性 ———— 193
  Signature 唯一無二の象徴要素 ——————————————— 196
ブランド体験はBtoB企業には必要ない?! ———————————— 199
  意思決定における感情の影響 ——————————————————— 199
ブランド体験構築のためのHuman Truthsテクニック ————————— 201
  Magic and Miserable Moments ——————————————— 201
[COLUMN] サステナブルなブランドデザインの未来 ——————————— 203
[COLUMN] 人の心理を解き明かすHuman Truthsテクニック ——————— 207

第8章
カルチャー変革の基礎となる
「ビヘイビア」

イントロ ———————————————————————— 212
行動定義 ———————————————————————— 213
  組織の文化を形成するビヘイビア ——————————————— 214
  法規制および自己で課した基準に対する行動規範 ——————— 214

ビヘイビアの設定 ——————————— 214
強力なビヘイビアを作るためには？ ——————— 215

第9章
ブランドマネジメントの現状を理解するブランド価値評価

イントロ ——————————————————— 218
ブランドは強力な競争力を生む無形資産 ————————— 219
　ブランドは具体的な金額に換算できる ———————— 219
　インターブランドのブランド価値の算定の方法 ——— 219
　ブランド価値のKPI化 ———————————— 221
　ブランド強度スコア（BSS）指標の進化 —————— 222
ブランド強度を活用したPDCAモデル ——————— 224

思想 編

最終前 章
今後重要になるであろうテーマに関して

イントロ ——————————————————— 230
さらに一歩先に行くために：倫理 ————————— 231
さらに一歩先に行くために：プラットフォーム ——— 235
さらに一歩先に行くために：（創発的ブランディング）ガバナンス —— 238
さらに一歩先に行くためのブランドが兼ね備えるべき性質の仮説 —— 242

概念変由点：価値だけではない善があるか？ ——— 243

組織力変由点：部門依存ではないか？ 硬直化していないか？ ——— 243

体験変由点：実態を逆算できているか？ ブランドが手離れする前提を持てるか？ — 244

取組姿勢変由点：ダイナミックに世の中を捉えられているのか？ ——— 244

関係性変由点：対立構造から脱却ができているか？ ——— 245

最終 章

ブランディング転換点4：
これからのブランドに
携わる人たちへ

イントロ ——— 248

(お願い1) 「ブランドは人を軸とする」以外は気にしない ——— 248

(お願い2) フレームワークの奴隷にならない ——— 249

(お願い3) ベンチマーク信仰をしない ——— 250

(お願い4) 理論信仰をしない ——— 250

(お願い5) "究極の"結果にこだわらなければならない ——— 251

(お願い6) イマジネーションを大切にしてほしい ——— 252

(お願い7) 時間軸への意識を増す ——— 253

最後の最後に ——— 256

あとがき ブランディングの発展を確信して ——— 258

思想 編

序章

ブランディングって、永遠に同じことやってない？

イントロ

　2015年、ブランディングの現場には「ある違和感」が蔓延していた。それは、数ある提案やプロジェクトの資料に色濃く映し出されていた。
「ん？　これ、20年前のプロジェクトの資料でも見なかったっけ？」
「ん？　この方法論以外ないんだっけ？」
「大昔と同じことを今日でもやっていないか？」

　2018年、ちょうどインターブランドのグローバルCEOがジェズ・フランプトンからチャールズ・トリヴェイルに変わったころ。チャールズの就任直後に、彼のビジョンやこれからの展望をディスカッションする場があり、その時大いに盛り上がった話題が、チャールズのこんな見解だった。

「ブランディングの世界は完全に停滞している」

　チャールズは2000年過ぎまでブランディング・エージェンシーに在籍していて、久しぶりにこの業界に戻ってきたら、「何も変わっていないことに驚愕した」という。「世の中がこれだけ変わっているのに、我々は変化に取り残されている」と危機感を抱いていた。ブランディングの最前線にいる者なら誰もが強く共感する危機感だ。
「これから業界を変えていこう」、そう語り合ったことを鮮明に覚えている。

　それから6年が経ち、いまは2024年。
　ブランディングの最前線から現場を見渡すと、確実な変化がある一方で、依然として変わらない側面も見て取れる。それを端的に言うと、確実な変化は「"ブランドへの認知・認識"のアップデート」、依然として変わらない側面は「やり方を変えず、結果につながらない怠慢」である。

ブランドの
確実な変化

「確実な変化」と「依然として変わらない側面」の実態はこうだ。「"ブランドの認知・認識"のアップデート」を構造化すると、3つの観点から語ることができる。

① 関心の高まりと、取り組む人
② 発信する対象
③ 取り組む姿勢と、認識

① 関心の高まりと、取り組む人

ブランドに対する興味や関心は、健全な形で定着してきた。例えば、ブランド強度（ブランド価値と、その構成要素）を経営のKPIにしている企業が増えている。ブランディングが経営者や役員のKPI、会社の中期経営計画の目標としてKGIやKPIになっているケースである。インターブランドのクライアントも、担当部署の単位ではなく、経営としてブランドに向き合っているケースが多い。ひと昔前まで、ブランディングは、専門部署の担当者の仕事だった。しかし今では、ブランドの話をいちばんしてくれる人、あるいはブランディングのオーナーが経営者に変化した。また、インターブランドが主催する様々なイベントの参加者も経営層の方が多く、関心の高まりを見て取れる。ブランディングを全社での取り組みとするために、経営企画部が担当し、部門横断の関わり合いを主導するケースも増えている。

序章｜ブランディングって、永遠に同じことやってない？｜　19

② 発信する対象

　ステークホルダーを多角的に捉え、顧客以外を意識したブランディングの取り組みが増えている。プロジェクトの組成においても、「対社外を前提とした設計」と「対社内（＝従業員）を前提とした設計」のバランスが取れている。また対社外においては、例えば投資家やコミュニティ、顧客といった古典的なターゲットだけを考えたブランディングでないプロジェクトが増え、ブランドを発信する対象の多様性が高まっている。

③ 取り組む姿勢と、認識

「ブランディングにお金を使う」という意識の高まりもある。特にプロダクトブランドの領域では、広告出稿の多い企業に抜本的な変化が見られる。これまでは、広告宣伝の中でまるっとブランディングをして、無限に新規ブランドをローンチ、広告を打ち続け、協力金を支払い続ける、ジャブジャブ型マーケティングという状態だった。しかしいまは、戦略的に投資するブランドを取捨選択し、そのブランドにはブランド戦略を策定。コミュニケーションはコミュニケーションとして取り組む、という形を志向する企業が増えている。

　他にも、BtoB企業により、"適切な"興味の高まりもあると感じる。「ブランド＝認知度」という限定した理解しかなかった時代は、企業名をジングルに合わせて連呼するだけのコミュニケーションだったが、いまは認知度を上げる「目的と相手」を明確に選定して、効果と意味のある取り組みにフォーカスする企業が増えている。これらは「TVCMだ！」「ロゴだ！」「商標だ！」や、「ブランドなんて意味がない」「ブランディングは店頭で売りたいものがある時だけだ」など、昭和バブル期の経験を振りかざして会社の進化を阻害する事態が減っている証拠とも言っていいだろう。

　以上、3つの論点がブランディングのポジティブな変化である。

　しかし、ブランドへの「認識」はアップデートされている一方で、「アクション」は変わっていない。そのため次項では、「ブランドの変わらない世界」、そしてそれに伴う「課題」を深掘りしていく。

ブランドの課題

　では、ブランドの何が「変わらない世界」なのか。「変わらない世界」は、日本企業にとっての「ブランドの課題」と言い換えられる。

　ブランドの課題と向き合う時、重要なのは「どこから始めるか」である。私は、徹頭徹尾、ブランドを目的として語ってはならないと考えている。ブランドはあくまで「経営」の領域の中で捉えられなければならない。

　しかし現状はブランドに取り組むことそのものが目的化してしまっていて、そのケースがいまだに多い。ブランド自体が目的になると、「ブランドを創った後、何を期待するのか？」を言語化できていないことが多い。しかし、ブランドへの認識はアップデートされているので、「認知度が上がればいい」「好意度が上がればいい」とは断言できず、なんとなく「パーパスを伝えたい」と、うにょうにょもぞもぞする……、そんな場面を見てきた。

　この現況は、「ブランディングに取り組むべきである」から会話が始まっていることに起因しているのではないか。あるべき姿は、「こんなブランドを実現したい。それにはこんな活動が必要ではないか？」から始める会話である。もちろん、経営戦略としてブランドに取り組んだ結果として、ブランドが企業の存在意義と重なり、ブランド実現こそが企業の存在意義となる可能性は十分ありうる。またそれは、理想的な状態であるユビキタスブランディングに近しい考え方である（詳細は後述する）。しかし、その場合においても、ブランドは経営の手段なのである。

　このような前提を踏まえると、日本企業にとって、最も伸び代がある潜在

序章｜ブランディングって、永遠に同じことやってない？｜　21

的競争力は「ブランド」であると想像できる。また、「潜在的競争力の源泉はブランドでは？」という問いから始めるといいのではないか。PBR（株価純資産倍率）が低迷する企業が多く、PER（株価収益率）も低迷している。これらの事象は、「事業の現状と実態が株価との比較において十分に期待されていない」と言い換えられる。つまり1つ重要なポイントは、ブランドが「実態への理解に立脚した、将来への期待」である点を踏まえて、しっかりとブランディングに取り組むことで、株式市場における悩みにも対応できると考える視点だ。

　ブランディングが伸び代になる根拠の1つに、弊社が発表しているベスト・グローバル・ブランド・ランキングの結果がある。2024年度版の結果では、日本出自のブランドでランクインしているブランドは6ブランドのみ。アメリカブランドが52ブランド、フランスブランドが9ブランド、ドイツブランドが9ブランドと、海外の国や企業の底力と比較して、日本のブランド力が低い傾向が見えている。
　この流れをどう読み解くかを考えていこう。もちろん、単純に1つの理由だけではないが、その大きな原因を「ブランディングが硬直化していること」と考えられるのではないだろうか。私がそう考える理由をブランディングの「やり方」と「理解」から挙げていこう。

ブランディングが
硬直化している理由

　まずは、「やり方」である。具体的に言えば、「どうやってブランディングに取り組んでいるか」である。自戒を込めて言うと、多くのブランディングにおいて、（見た目は変わっても）やっていることはほとんど変わってないことが多い。その理由は、ある2つの側面を紐解くと理解できる。

　1つは、「ブランドとは本質的に不変であり、だからブランドに関する取り組みも本質的には大きく変わりえない」というポジティブな側面からの理解。結論めいたことを言えば、ブランドとは究極的には人間理解と人間関与である。人間の本質は変わらない。ブランドを「すなわち『人』理解であり『人』関与である」という理解と重ねて考えると、ブランディングにおいても大きなアップデートは不要である（昔、某大手グローバル製薬会社のエグゼクティブと接する機会があった時に、「我々の人間理解はドストエフスキーから進化していない」との話を聞いて「まさに」と思ったことを思い出す）。

　そしてもう1つの側面。この状況をネガティブに捉えるのであれば、怠慢である。ブランドが向き合うべき「人」理解と「人」関与は、自然科学や人文科学など、他の領域でも研究や試行が続けられている。しかしブランディングは、本質的にはアップデートされず、表面的なアップデートで止まっている。ブランディングに対する理解や認識がアップデートされる一方で、肝心のやり方は全く変わっていない（理解や認識のアップデートは確実な変化として喜ばしいことであるが）。

序章｜ブランディングって、永遠に同じことやってない？｜　23

そのため、ブランディング本来の役割が果たされず、日本企業の停滞につながっているのが現状だ。この事態は、ブランディングの「怠慢」であり、刷新されるべきことである。

　では、なぜ怠慢がまかり通るのか。これは、「専門家の課題」「専門家とクライアントの関係の課題」そして、「クライアントであるブランドオーナーの課題」、この三者が重なるところで起きている。

「専門家の課題」としては、「昔からの活動」を繰り返しても、クライアントの評価で「及第点」が取りやすいこと。また「専門化とクライアントの関係の課題」としては、ブランディングがプロジェクト化されると、多くの場合は広告代理店やコンサルティング会社などのブランディング・プロフェッショナルがプロジェクトの主体者となる場合が多く、その時にはサービス提供者としては「昔からの活動」を繰り返したほうがクライアントの理解も得やすいことにある。

　では、ここで「クライアントであるブランドオーナーの課題」として、ブランドオーナーは、なぜそれをよしとしているのかを考えてみよう。それに対するヒントが、次のテーマである「ブランドはどう『理解』されてきたのか？」、その変遷を読み解くことで見えてくる。これは、ブランディングという活動を矮小化しているのは、「組織におけるブランドへの理解」と「理解の停滞」であるという捉え方である。いまでもかなりの割合の経営者や役職者たちは、「ブランドとは何か」「ブランディングとは何をすることなのか」の概念を更新していない（その理由は、1980～90年代に起きた、企業ロゴの更新や策定とその宣伝・伝播が中心であったCIブームでの成功体験を引きずっているのか、その時に嘗めた辛酸がトラウマとなっているのか、真意は定かではないが）。

　端的に言ってしまうと、「ブランドはロゴでありTVCM」と思っている経営者が未だに多い。そのため、ブランドが重要視される経営戦略が生み出されない。ブランドを競争優位の源泉、もしくは事業成長のドライバーと捉えて、その力のあるブランドを構築するためにどんなアプローチをするべきかが考えられることはなく、ブランドは経営者のマインドシェアの中では飛沫程度の存在感しか持たれていないように思われる。

　これは、定期的に新しい論が提示され、（よくも悪くも）流行り廃りが経営者の関心を掴み続ける戦略論とは大きく異なる様相である。ポジショニング

論からリソース戦略、ブルーオーシャン戦略、アジャイル戦略からDX、そして持続可能性やパーパス……など。こう並べると、読者も戦略論の流行り廃りを簡単に思い出せるのではないだろうか。

翻って、ブランドにおける大きなうねりを思い出せる読者はどのくらいいるのだろうか。もちろん、この道の専門家の読者は「統合型マーケティング・コミュニケーションが流行ったよね」とか「パーパスブランディングがあるではないか」などの視点をお持ちだとは想像する。だが、これらは多くの場合、本質よりも実行や展開が重要視されていることが多い。こういった背景もあり、結果として、ブランドに対する本質的な理解は更新されず、経営者が関心を持ち続けることもなく、いまも多くの経営者たちは過去の理解の延長線上の世界線でブランドを眺めている。

この状況を打破するためには、次の「ブランドの定義」をインストールするのが有効だ。

ブランドは事業戦略を具現化したものである

ブランドが取り扱いにくい理由の１つに、「ブランドとは何か？」の解でありその定義が定まっていないことがあるだろう。代表的な例を挙げると、「ブランドは人格である」「ブランドとは提供価値である」「ブランドとは約束である」「ブランドとは識別記号である」「ブランドとは無形資産である」「ブランドとは確固たる評判である」「ブランドとは体験である」「ブランドとはパーパスである」など、様々な解釈がある。これらはブランドを異なる視点で捉えているだけであり、全て正しい。ただ、定義の揺らぎが、ブランディングをよりよく（＝今求められる活動として）理解することを難しくしているのも事実である。

だからこそ、ここで、１回視点を転換したらどうだろうか。これまでは、結果論としてのブランドが軸である議論が中心であった。だから、「ブランドは事業戦略を具現化したものである」という「経営の媒介としてのブランド」としての捉え方がブランディングの停滞を動かしてくれると考えている。

なぜブランド理解が
固定化しているのか？

　ここからは、「ブランドはどう『理解』されてきたのか？」、その変遷を読み解いていく。その目的は、ブランドを理解することで、「ブランディングに何を期待するのか」「ブランドに何を求めるのか」「ブランドを創るとは何を指すのか」という会話の前提が整うことを目指すためである。

　1930年代にアメリカで始まったブランド論では、あくまで「選択される」という結果に顧客を導くことが目的であった。そのために、まずアイデンティティの時代があったのだ。これは大量生産、大量陳列、自由購買の時代の申し子であった。古きよき時代の選択肢は、石鹸やお米など「カテゴリーの選択」であり、カテゴリー内でのブランドの選択はなく、あっても極めて限定的であった。それとなく店主と会話しながら、店主は顧客が求めているものを店の奥から持ってくる、そういった時代。
　それから月日が流れ、自分の背丈を超える棚が何メートルも広がる空間に顧客がぽつんと放り出され、何種類、何十種類もの石鹸や塩、ソースの中から「自ら何かのブランドを選んで買わなければならない」という時代がやってくる。この変化が必然として求めたものがブランドであった。そして、大量消費の時代が爆発的に拡大していく中で、感覚的に選択させる力を持つブランドの価値も飛躍的に高まっていった。

　これは、日本のビジネスパーソンにもそのまま当てはまる。よりよく売るためには、よりよいブランドがあったほうがよかったのである。これまでの

理論としてのブランド論もほとんどは、ここで取り扱われた理由や目的に立脚し集約されている。

　これとは別の理解として、インターブランドの進化の分析に沿った表現をすると、アイデンティティの時代も、価値の時代も、体験の時代も、パーソナライズの時代も、全て選択させることを目的として進化したブランディングの方法論の流れだと言える。少なくとも、その時代の起こりは、インスタントな選択の促しが目的であった。（図0-1）。

図0-1｜ブランドの存在意義と意味の進化

Brand as Acts of Leadership｜存在の意義と意味

Brand as Ecosystems｜エコシステム

Brand as Experiences｜体験

Brand as Assets｜資産

Brand as Identifiers｜識別記号

#Identity　　#Value　　#Experience　　#You　　#Possibility

　いわゆる1980年代、90年代にあったCIブームにおいて、この流れが変わりうる可能性があったと想像する。しかし、これは悪い影響を多く残して終わっていた。「ブランドは社長と宣伝部長の趣味でしかない」「ブランドは金にならない」「ブランドは意味がない」「ブランドとは広告のことだ」「ブランドは広報がやればいい」「ブランドを作れるのは時間だけ」など、ブランド反対派の経営者の言葉を聞いたことのある人もいるだろう。

　想像するに、これはいくつかの不幸が重なった結果でもある。

　まず、ブランディングが広告代理店の独壇場だったこと。そのため、見た目とコミュニケーションの話に終始してしまった。また、バブルが崩壊した

ことで、結果や原因云々でなく、ブランディングの成果は見えにくくなった。そして、ブランドが経営戦略ではなく、あくまで「プロジェクト」でしかなかったこと。その結果、継続性はなく、作ったロゴと社名だけが残り、風化し劣化していった。

　このような「ブランドは見た目の話である」という状況は、ある意味必然として、いま我々の前に立ちはだかっている。だからこそ、ブランドを見え方の話ではなく、より根源的な力として考えるのはどうだろうか。その前提は実は整っている。なぜなら、外的環境がブランディングへの向き合い方の変化を迫っているからである。

なぜ変革が必要なのか?

　ここで勘違いなきよう伝えておきたいのは、いま求められている変革は「有閑からの脱却(＝他にやることがないから変革しよう!)」ではなく、「必然としての変化」だ。多くの変化が我々を取り巻いている中でも、特にブランドのコンテキストで考えると重要な変化が5つ挙げられる。

　それは、大きく「市場側の変化」と「企業側の変化」の2つに分けられる。

【市場側の変化】
1 「もはや世の中に"欠陥車"など存在しない」市場
2 差異なき差別性の訴求
3 消費が持つ意味の変化

【企業側の変化】
4 枯渇資源の変異
5 VUCAが強要する柔軟性と強剛性

　それでは、これらの詳細を1つずつ見てみよう。

1「もはや世の中に"欠陥車"など存在しない」市場
　これは、アメリカの顧客満足度調査を専門にしているJ.D.Powerによる市場評価から引用している表現である。別の言い方をすれば、「粗悪品はなくなった」ということであり、つまり「そもそも品質保証機能を果たしていた

ブランドは不要になった」ということだ。あるタイミングのころから「これ買ったら不良品じゃないかな……」という心配がなくなり、その時点で品質を保証することで購買を促すという古典的なブランドがもたらす価値がなくなったのである。もちろん、いまでも変な商品を主にオンラインショップなどで買ってしまい悔しい思いをすることはある。だからこそ、例えばアマゾンのプライベートブランドの人気が出たり、あるいは、その間隙をぬったアンカーがブランドを確立したりするのである。

　ブランディングの品質保証機能がなくなることはない。だが、相対的に重要性が減っているのは、間違いないのである。

　この点に関して、誤解なきように1つ説明させてほしい。まず、「それでも品質を保証する」という実態には価値があること。我々がブランドのお手伝いをさせていただく中でも、必ずと言っていいほど「安心・安全」的な価値観に言及がある。もちろん、いまでもブランドの訴求力の話の時に、「猫も杓子も安心・安全」という意識には問題を感じるが、それは姿勢の問題であり、テーマの問題ではなく、批判の意図はない。

　本項の視点は、「ブランドにおいて保証機能が重要な役割であった時代は、市場に本質的な粗悪品が減った時点で終わった」というマクロな話である。昔の購買者は、スーパーの棚の前に立った時、「どれは買ってはダメなのか」「どれは質が悪いのか」を気にしていた。その悩みは後に、「どれがいいのか」「どれがコスパがいいのか」が中心になり、やがて「どれが好きなのか」が購入の動機や視点となった（「成分表示を必ず見てから買う」という消費者は現代において逆に増えているが、これは「粗悪品かどうか」という質の問題というよりも、本人の価値観に合っているかどうかを確認している。この意味において、ここの論旨とは相反するものではない）。

　粗悪品が駆逐された市場では、同時に、機能的にユニークな物もどんどん消失していった。ネットワーク効果などの新しい優位性は生まれているが、極めて限定的であり、ほとんどの場合、不良品もなく特段に強い製品もなくなる。その結果どんぐりの背比べになり、価値訴求のポイントがズレていった。

　その時に問題となるのが「差異なき差別性（Distinction without a Difference）の訴求」の増加である。以降で詳しく見ていこう。

2 差異なき差別性の訴求

　差異なき差別化に関しては、「これを変化と捉えるか」を考察のテーマにしてもいい題材だが、ここでは「少なくともブランディングが変わらなければならない理由」として、差異なき差別化について考えていこうと思う。

　ブランディングで差異なき差別化がされている実態は、言葉の通り、実際に異なる部分がほとんどない状態なのだが、差別化することで「意味・価値のある差分」が存在するかのように訴求している状態である。これは機能価値においても情緒価値においても、である。國分功一郎氏が著書『暇と退屈の倫理学』（新潮社）で提示している「モデルチェンジ経済学」でも定義されていて、実際にそこには意味のある差異はないにもかかわらず、「新しさを消費する必要」が経済を作っている、という考えが裏側にある現象だ。

　ブランドは消費行動を促すことを目的に確立されている。そうであれば、差異なき差別性をイメージで具現化することも市場の（正確にはクライアントの）要求だと言える。これはブランドだけの問題ではない、広告宣伝の問題でもあり、生産者総体としての問題でもあり、企業に成長を求め続ける社会の問題でもあり、新規性を消費することに駆られている生活者の問題でもある。しかし、ブランディングがこのグロテスクな世界の構築に重要な役割を果たしてきたことも否定し得ないのが事実だろう。

3 消費が持つ意味の変化

　そんな中で、「消費が持つ意味の変化」が起きている。別の言い方をすれば、お金を使うことの意味合いが変わってきている。これはジャン・ボードリヤールが著書『消費社会の神話と構造』（今村仁司・塚原史【訳】、紀伊國屋書店）で示したように、「消費はニーズの充足だけではなく、自らの意図を示す手段である」という考え自体は目新しいものではない。

　ブランドとは自らの嗜好を表現する道具として機能してきた点は明確だろう。人々は高級品を身につけることで、自らのアイデンティティをそこに投影し、他者からどう見られるかを演出してきた。しかし現代では、この考え方や行動から新しい広がりが生まれてきている。

　その実態が特に顕著に見られるのが、クラウドファンディングという市場である。このプラットフォームの特徴の一部として、次の3点から解釈する

ことで、消費が持つ意味の変化をよりよく理解できるのではないだろうか。

① 単純な対価交換ではない
② ストーリーに重要性がある
③ 消費前の（購入時点での）エンゲージメントが高い

　これらの特徴から帰納的に導かれる重要な意味合いは、「支払い金額」への意味合いが変わることである。

　それは、ストーリーへの共感が前提となり、対価交換でない購買が成立する。いや、より正しく表現すれば、対価が機能性ではない意義性にシフトしている場合がある、と言えるだろう。

　また消費の意味合いが、支払いのためのお金だけでないことにも我々は注意を払わなければならない。

　人々が自らの意図を示すために行動様式を変えるという「時間の消費」も変わっている。例えば、「あえて自分の価値観と合ったお店まで遠回りする」といった行動である。つまり、人々は、消費という行動を通じて、世の中により積極的に関わろうとしていると言えるのだ。「日本においてはエシカル消費の浸透が欧米と比べて遅い」という指摘もあるが、意思表明を支払いという狭義でのエシカル消費と捉えなければ、購買の意味合いの変化は、確実に浸透していると言えるだろう。

　ここで一歩立ち止まり、「そもそもなぜこれらの市場の変化がブランディングにおいて重要なのか」の前提理解を説明したい。

　繰り返しになるが、歴史的に見れば、ブランディングの重要性が高まった理由は、「あふれる商品群の中から、どう"直感的に"選んでもらうか」という目的関数から始まったことにある。もっと端的に表現する。あなたがイオンやセブン－イレブンで棚の前に立った時には"なんとなく"買っていることが多いだろう。それを実現するためのテクニックがブランディングあった。だからこそ、「一貫性のある差別性」がブランディングにおける重要なポイントであった。「一貫性（＝同じものがどこででも）があれば、刷り込める」

「差別性があれば、選びやすくなる」ということだ。

そして、そこに必然性を持たせるための戦略として、ブランド価値規定などが生まれ、より"直感的"に選んでもらうために、「楽しそう！」「かっこいい！」などの感情を呼び起こす情緒価値などの雰囲気をまとわせることになった。そして、対価交換「支払うお金はそれに相当する価値への対価である」というある意味絶対的な社会の構造が前提となっている。

ここで書かれている古典的なブランディングに関しては、先ほど見た3つの市場側の変化により（少なくとも相対的に）価値が減退したのである。だからこそ、ブランディングは変わらなければならない。少なくとも古典的な狭義でのブランディングの捉え方から抜け出さなければならないのだ。

そして、これらの市場の変化が、企業に2つの変化を強要する。このあと、それらについて深掘りしていく。

4 枯渇資源の変異

最も重要なのは、「枯渇資源の変異」である。

前述のような変化の根底には、もっと大きな流れとして「これまで企業がなぞってきた成功の方程式が機能しなくなっている」という現実がある。日本企業の競争力の源泉は、過去においては、小型化と高性能化を実現できた製品開発力、伸びる内需を確実に取り切る（国内での）営業力、そして低価格化を実現した生産技術力の3つが重要だったと考えることができる。この時に必要だったのは、各々の事業機能が最適化を果たすことだ。

しかし、現代は過去の成功体験の延長では勝てない世界へシフトして、新たな勝ち筋を見出せていない日本企業は依然として多い。停滞の理由は、様々な要因が指摘されているが、これからの成長を実現するためには、例えばデジタルやグローバル、もしくはイノベーションというキーワードは極めて重要な意味を持つ。これは京都先端科学大学ビジネススクール教授である名和高司氏が『パーパス経営−30年先の視点から現在を捉える』（東洋経済新報社）や『桁違いの成長と深化をもたらす10X思考』（ディスカヴァー・トゥエンティワン）などで語っていることとも通底すると言える。この課題に立ち向かうためには、組織力のアップデートが必要である。その中でも得難い組織力に、「本当に必要な人材」があるのは間違いない。これの1つの類型とし

てリチャード・フロリダが著書『クリエイティブ・クラスの世紀—新時代の国、都市、人材の条件』（井口典夫【訳】、ダイヤモンド社）で提唱するクリエイティブ・クラス人材がある。

　さて、ここでちょっと考えてみてほしい。JTC（Japanese Traditional Company、伝統的な日本企業）と揶揄される日本的企業は、例えばGAFAMやユニコーンに化けうるスタートアップ企業や熱意に燃える社会起業家と採用で競った時に、クリエイティブ・クラスを採れているだろうか。

　極めて怪しいと言わざるを得ない。ではどうするか。クリエイティブ・クラスを惹きつけるために必要な組織的要件（例えば、自由度や多様性など）はたくさんあり、これらは制度の中で、もしくは企業文化設計の中で構築することが前提になる。その中でも、特に重要になるのが、クリエイティブ・クラスの層は、意義やビジョンや価値観を重要視しているという点である。今後労働市場の流動性が高まることが必然と見えており、また（今は言葉としては下火になったが、それはある程度浸透しているからだろう）ギグワーカーの重要性も高まっている。企業に就職する必然性がない、もしくは低い優秀なクリエイティブ・クラスは、ギグワークでの企業への参画を前提にすることも増えてくるだろう。

　この時に、ブランドが重要性を持つ。例えば、自分がプロジェクトを受けることを決める時に、ブランドがいいA社と評判が芳しくないB社があったとする。背に腹は代えられないライスワークが必要であれば、A社であろうがB社であろうが、ペイの高いほうを選ぶだろう。だが、ライフワークとして業務委託を受ける場合、もしくはパートタイムで仕事をする場合は、よりモチベーションに効くほうを選ぶだろう。若年層は、徹底的に意義や価値観にこだわるかもしれない。よりプラグマティックな世代は、例えば家族や同僚の理解や賞賛が内発的要因となる場合もあることから、よりよいブランドを選ぶだろう。

　モチベーションの観点からは、給与や報酬、労働環境等の外発的要因よりも、興味や楽しさ、成長実感などの動機である内発的要因の重要性が示唆されており、ブランドのイメージは外発的要因にとどまらず内発的要因にも影響する（当然だが、消費における選択を促すという機能としてのブランドではなく、である）。なぜなら、ブランドはパーパスでありプロミスだからであり、そ

してこれ以上にイメージであり評判だからでもある。経営にとっての枯渇資源が資金資源や顧客資源から人的資源に変わったいま、人的資本を組織に満たすためには、ブランドも変わらなければならないのである。

5 VUCAが強要する柔軟性と強剛性

そして最後に「VUCAが強要する柔軟性と強剛性」である。VUCA時代には企業はより柔軟な組織であることが必然となってくる。

Volatility ——— 変動性
Uncertainty ——— 不確実性
Complexity ——— 複雑性
Ambiguity ——— 曖昧性

この4要素が高まっているのであれば、"明日は今日の延長線上"を前提として設計された組織を前提とできないことは明白だろう。ではどうしたらいいか。VUCAの時代において求められる組織の姿はまだ定まっていないが、私なりの表現をさせてもらえれば、「北極星が明確であり、OB（＝何がNGか）が共通理解としてあり、自由に柔軟に創発的に動ける組織」であると考えている。

北極星とOBは自律、創発的組織は自立を実現する。その形の１つの解はフレデリック・ラルーの著作である『ティール組織－マネジメントの常識を覆す次世代型組織の出現』（鈴木立哉【訳】、嘉村賢州【解説】、英治出版）で語られている、ティールの組織である可能性は高い。同時にティールであるためには、エボリューショナリーパーパス、ホールネス、セルフマネジメントの３つが必要である、とされている。まさに自律と自立である。これがあれば、戦略論における重要なコンセプトを打ち出し続けているコロンビア大学ビジネススクールのリタ・マグレイス教授の提唱する一時的競合優位を実現することが可能になる。すなわち、「競合優位性が消失する中で、ブランドは重要性を増している。しかしブランドの変革も必然となった。その時にブランドを実現するために必要な組織の代表例の１つはティール型の組織である」と言える。実際のことを考えると、この変化の要請に応えることが、「ブラ

ンドの変化の肝」になる。

　ここまで「市場側の変化を３つ」「企業側の変化を２つ」見てきた。
　しかし実際には、「Ａ. 市場側の変化を３つ」と、「Ｂ. 組織運営に直接的な
影響がある社会の変化を１つ」と「Ｃ. 組織が変わらなければならない理由
としての社会前提の変化を１つ」と整理するべきかもしれない。つまり、変
化はＡ→Ｂ→Ｃの必然性の中で起こるが、実際にはＣ→Ｂ→Ａの順番で影響
が具現化されていく、ということだ。これらを鑑みた結論として、「ブラン
ディングのいま」を次のようなストーリーで読み解くことができるように思
う。

【ブランディングのいまを読み解くストーリー】

　ブランドは価値のシグナルとして消費行動をメーカーにとって都合よく導
く役割を果たしてきた。しかし、その前提となる市場が変わり、機能価値で
は勝負できなくなっている。その時に情緒価値に訴求ポイントをシフトさせ
ているが、実際には意味のある差別性はなく、広告的な煽りでしかない。
　この状況で、人々は消費という行動を介して、自らの声を表明し出してい
る。いわゆるエシカル消費を筆頭に、「お金」という道具を上手く駆使し、
意志と意図の表明を行い始めている。
　そんな中、企業側も在り方の変化を求められている。これまでのような、
高い生産性を前提にした競争力ではなく、VUCAの時代にアジャイルに対応
できるような企業力が必要になり、いま最も枯渇している資源は顧客資源で
も資本資源でもなく「人的資源」である。
　イノベーションを生み出せるクリエイティブ・クラスを獲得できるかが、
これからの成否を分ける分水嶺になっている。そしてこれらの変化はブラン
ドの変化を求め、ブランディングに変革を迫っている。それは次のステージ
に立つブランドは、これからの変化の先で価値創出をドライブする力が備
わっているからである。

ブランディングの
変曲点が導く、
より人間的ブランド
という様相

　ここで事業戦略の捉え方に踏み込んでいこう。

　前述のように、事業戦略も進化しているのは間違いない。では、「ブランドを競争優位の源泉」と捉える場合、その進化の要諦をどこに据えるべきなのだろうか。「戦略の源泉はブランドである」という仕組みの具現化は、ブランドが「社会におけるリーダーシップを取り」「機能価値の勝負から享受価値の実現にシフトする」ことを事業として表現することと言える。これは、「人起点の事業」を構築することと同義である。

　なぜならブランドはその起源も、その効用も、その対象も、全てが人に関することだからである。戦略や企業や社会において語られるマクロなテーマは、「全て人」というミクロな現実に落とし込まれなければ、意味のある変化は何も起きない。だからこそ、企業として「無形資産への体系的アプローチ」において「ブランド価値経営」が意味合いを持ってくるし、ブランド価値経営へシフトすることが無形資産への体系的アプローチを加速することになると言えるのではないか。

▱ 人を軸とした戦略へ

　その先に、ブランディングの新しい姿として、人という曖昧な存在を軸としたブランドが浮かび上がってくる。

　ブランドが人格なのであれば、ブランドそのものを人間的に捉えてみる。そうすれば、競争ではなく成長に基軸を置くこと、変容し続けていること、

序章｜ブランディングって、永遠に同じことやってない？｜　37

在り方は固定ではないことがブランドの在り方として必然となる。

　もう一度繰り返す。これは人を軸とした戦略への転換である。

第1章

ブランディング転換点1：
社会における
リーダーシップを取る

「社会における リーダーシップを取る」 とは？

　序章のラストで、「『戦略の源泉はブランドである』という仕組みの具現化は、ブランドが『社会におけるリーダーシップを取り』『機能価値の勝負から享受価値の実現にシフトする』ことを事業として表現すること」と述べた。

　それではまず、「社会におけるリーダーシップを取る」とはどういうことかを見ていこう。

　ブランドが果たすべき役割が「何を提供するか（機能価値や情緒価値の提供）」ではなく、「何をなすか（意義価値や意味価値の実現）」に移ってきた、ということはこれまで見てきたことでおわかりいただけただろう。これはいわゆる「パーパスの実現」と言ってもいい。『シンギュラリティ大学が教える飛躍する方法−ビジネスを指数関数的に急成長させる』（サリム・イスマイル、マイケル・マローン、ユーリ・ファン・ギースト【著】、ピーター・H・ディアマンディス【まえがき・あとがき】、小林啓倫【訳】、日経ＢＰ）の著者であり、「シンギュラリティ大学」創業ディレクターであるサリム・イスマイルが提唱するMassive Transformational Purpose（野心的な変革目標）を志している企業は、近年のパーパスブームで増えているが、それが実際のリーダーシップを取っていることと直結していない場合も見受けられる。

　それでは、絵に描いた餅であり、社会におけるリーダーシップを取るというブランドが果たす役割には遠く及ばない。ブランドは人々の行動促進・行動変容を促すことが重要であり、それが結果としてブランドオーナーである企業の成長に資することを目的としており、そのための企業とステークホル

ダーのインターフェイスである。それが機能するためにはこれまでのお化粧ずくめのブランディングから脱却し、どこまで辿り着かなければならないかを考えることが必要になるのだ。

まずは、ブランドが社会でリーダーシップを取ることが、リーダーシップの独りよがりでないことを確認しよう。

グローバルPRファームであるエデルマンが毎年発表しているトラストバロメーター（Edelman Trust Barometer）では、政府よりもNGOよりもメディアよりもブランドに対して社会におけるリーダーシップを求めていることが明らかになっている（図1-1）。

図1-1 │ ブランドにリーダーシップが求められている

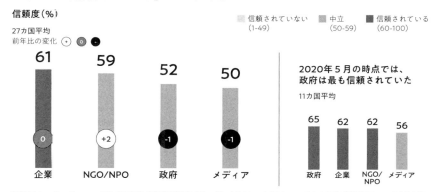

出所：エデルマン2023年のトラストバロメーターをもとに作成

ブランドに関わる人間は、この事実に大きな意味合いを見出さなければならない。つまり、人々はブランドに「価値の提供以上の期待をしている」という確固たる事実である。だからこそ、ブランドはブランドの在り方を再度考えなければならない。別の言い方をすれば、この変容ができなければ、人々

第1章 │ ブランディング転換点1：社会におけるリーダーシップを取る │ 41

はブランドに期待しなくなるのである。人々がブランドに求めているのは、実際に社会を変革することであると再認識しなければならない。これは「概念として」や「期待値として」ということではない。

　あえてここを強調する理由を挙げてみる。近年のパーパスブームで、きれいな理念を掲げ、考え方としてありたい姿を示す企業は増えてきた。しかし、パーパスを掲げた結果として事業を変革した企業はまだ限定的である。これには2つの要素があると言える。1つはパーパスが実際には理念のお化粧直しの場合。もう1つは、パーパスと経営が断絶している場合である。経営への落とし込みに関しては第3章で見ていくが、ここではパーパスが既存の理念のお化粧直しであっては意味がないことを理解していきたい。

　最初にその具体例として、パタゴニアの事例を挙げる。

　2023年に創業者のイヴォン・シュイナードが、所有しているほとんどの株式を環境保護団体に譲渡した。これは大きな話題となった。パタゴニアは自らの会社の在り方を行動で示すことで、資本主義社会の在り様に一石を投じたのである。大きな反響を呼びながらも、否定的な言葉や懐疑的な見方は限定的だったと言っていいだろう。

　私の友人の一部からは、（昔からの友人であり同じ時期に創業している）ザ・ノース・フェイスよりもイメージが強烈になった、という声も聞こえた。なぜなら、パタゴニアは昔から、サステナビリティを営利企業としてドライブしてきた実績がある。パタゴニアの精神は広く受け入れられ、アメリカの資本経済を象徴するウォール・ストリートにおいてもパタゴニアを身につけることは、自らの価値観を表現する手法として定着した。

　もう1つの例を挙げてみよう。

　京都先端科学大学ビジネススクール教授である名和高司氏の著書『CSV経営戦略—本業での高収益と、社会の課題を同時に解決する』（東洋経済新報社）でも言及されている良品計画はどうだろうか。そもそもの創業の精神として「ノーブランドであることに価値を創る」という思想からして社会に対するアンチテーゼであり、社会変革へのリーダーシップの表れだと言える。それを、ぶらさない経営とブランドとしての展開。名和氏の言葉を借りれば「世

の中で見落とされている、あるいは希薄になっている本質的な価値を掘り起こし、生活の質（QOL）と心の豊かさをもたらしている」という姿勢。そして、それをサステナブルな事業に落とし込む企業力。「CSV（Creating Shared Value：共通価値の創造）的な企業経営ができていること」はブランドとして社会におけるリーダーシップを取ることの1つの前提と言えるだろう。

ただ、CSVを実践すれば、すなわち社会におけるリーダーシップをしめているブランドであると言えるわけではないことにも言及したい。ブランドであることを考えると、重要になるのは「行動変容を促しているか」という点がある。つまり、ブランドが行動を変えるきっかけとして伝わっているか、働きかけているか、ということである。一連の流れとして、こんな問いを持ってほしい。

「会社としていいことをやっている→そして儲けている（からそのいいことも持続可能である）→そのブランドとの関わりの中で人々の行動変容が起きている」、ここまで包含して（＝社外のステークホルダーの行動変容までを含めて）初めてブランドであることを見えているか？

パタゴニアや良品計画はブランドを「買う」という接点があるので、リーダーシップの示し方と事業展開の連続性がある意味わかりやすい事例だろう。しかし、それだけである必要はない。

例えば、味の素は「味の素パーク」というファンコミュニティを通じて、パーパス（の一部である）人のwell-beingをリードする取り組みを展開している。これは、決してCSR的な、もしくは事業のおまけ的な取り組みではない。これまで最大の顧客接点が製品ブランドである中で、味の素というグループブランドが生活者との絆を築き、味の素との接点の中で行動変容をしていくことに向けた取り組みである。

次にBtoB企業の事例を見てみよう。

2022年に事業ブランドであるUvanceを掲げた富士通を事例として取り上げてみる。それまでのSIerとしての価値提供の世界観にとどまっていては社会変革のリーダーではありえない、という視点から、実業のレベルで社会変革に向き合うために、まず事業の区分を見直した。

第1章｜ブランディング転換点1：社会におけるリーダーシップを取る｜　43

ここまでであれば、いわゆる事業再編である。だが富士通はここで止まらなかった。事業をブランド化したのである。事業をブランド化することでどのような意図と姿勢で社会に接するかを捉えやすくし、そこに「顧客の変革を通じて社会変革をリードする」という決意表明を読み取ることができるのではないだろうか。これは、ゼネラル・エレクトリックがジェフ・イメルトCEOのもとでecomaginationというブランドを立ち上げ、事業実績を築いた事例にも通ずるものがあると言える。これは、サステナビリティを事業としてブランド化した重要な事例の1つである。

　富士通の事例においてもゼネラル・エレクトリックの事例においても通底するのは、「事業変革をブランド化したこと」である。「不言実行」をよしとする価値観から離れて、自らの意志をブランドとして示すことで、自らも変わり、またそこに関与するステークホルダーへの意識の変容、そして行動変容も促したことが重要である。

　いま、パタゴニア、良品計画、味の素、富士通といくつかの事例を見てきた。これらが単純な事業変革としてのCSV経営ではなく、ブランドとして社会にリーダーシップを取る、というレベルでの実現との境界線はどこにあるのだろうか。着目するべきは、やはり「人」というキーワードである。

リーダーシップを取るためには、「人」に着目しなければならない

　ブランドが人との関係性を築く中で、人々がブランドと積極的に関係を持ちたいと願う理由は、「対象としての価値がある」から（例：それを買うことで食欲が満たせる）という対象価値と、「関係を持つこと自体に価値がある」から（例：パタゴニアを買うことで社会的意義とつながる）という関係価値の2つの側面がある。これまでのブランドの取り組みのほとんどは、対象価値である機能価値と情緒価値の枠組みの中で提供価値を整理することに閉じていた。まずこの現実から考え始める必要がある。そして、ここに新しい価値観を持ち込む必要があり、それが意味価値であり、意義価値である（図1-2）。

図1-2 ｜ 関係価値と対象価値の詳細

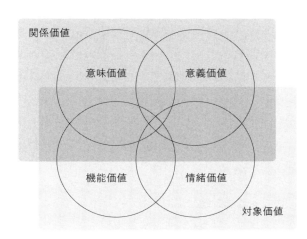

これを考える時に重要になるテーマとして、ここ数年大きな盛り上がりを見せているパーパス経営がある。前出のCSV経営も含めて、会社の在り方としては、必要な枠組みは揃っていると言っても過言ではないだろう。利益追求（pure pursue of profit）型ではない経営の必要性は明確であり、そこに至る道も示されている。しかしそれだけでは不十分だ。その理由の1つとして、パーパス経営の功罪である「社会価値と人間価値へのフォーカスと離散化」があると考えている。社会価値的な意味合いにパーパスの比重を置いた企業が、社会の前提にある人間を素通りしてしまった感がある。

　いくつか例を挙げてみよう。例えば創業時から社会的インパクトが会社の存在意義であるザ・ボディショップが語る「より美しい公正な社会のために立ち向かう」からは、会社の在り方や社会的価値を明確に読み取れるが、人への影響を直接的に語るニュアンスは低いとも言えるのではないだろうか。

　一方、パーパス経営のベストプラクティスとも言えるソニーグループは、社会価値と人間価値をしっかりと統合できたいい事例である。まずソニーグループのパーパスは「クリエイティビティとテクノロジーの力で、世界を感動で満たす。」である。そしてパーパスの説明として「ソニーグループのクリエイティビティとテクノロジーをビジネスパートナーやクリエイターの取り組みと掛け合わせることで、どのような『共創』が生まれ、そこからどのような感動が広がっているのか」と示している。このパーパスには人への関与、行動への促し、そういった意図が明確に浮かび上がっている。

　ではソニーグループはなぜ、いい形でパーパスの策定ができたのか。理由として考えられるのは、ソニーグループは「あるべき社会」に対する人が持つ根源的ニーズの探索を大切にしているからではないだろうか。別の言い方をすると、人を主軸に社会を見つめた時、「我々がどう関わるか」という問いを持っている。

　これはいわゆる「顧客の声を聞く」ことだけとは違う。例えば、スティーブ・ジョブズは「多くの場合、人は形にして見せてもらうまで自分は何がほしいのかわからないものだ」と言ったとされていて、顧客の声を聞くことを重要視はしていなかった。だが、本質的には顧客を、人をどう理解するべきかに対しての深淵なる理解と確信があったからこそ、人に真に語りかけられるブランドを構築できたのである。世界を変えてきたソニーグループにおい

ても、そのDNAが脈々と受け継がれていることは、想像に難くない。

　では、人を軸にして社会のリーダーシップを取るブランドを構築する際、どうアプローチしたらいいのか。インターブランドがパーパス策定に活用している次の2つのフレームワークを参考にして、説明を進めていきたい。
① パーパスのフレームワーク
② 3F（Future Forward Framework）のフレームワーク

① **パーパスのフレームワーク**
　このフレームワークに関しては後段で詳細を説明するが、ここでは肝の部分に触れる。パーパスのフレームワークには、理念・役割・領域という3つの要素が示されている（図1-3）。

図1-3 ｜ パーパスの構成要素

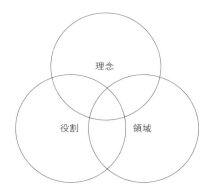

　物語として説明すると「ブランドの存在意義は、ブランドが持つ理念を最大限に発揮できる価値創造領域において、果たすべき役割を果たした時に初めて形成される」と読み替えられる。例えば、ナイキを例に挙げると、ミッションは「世界中のすべてのアスリート*にインスピレーションとイノベーションをもたらすこと（*体ひとつあれば、誰もがアスリートだ。）」である。パーパスは「私たちのパーパスは、スポーツを通じて世界を結束させること。それはすべての人々にとって、健全に生きることができる場所をつくり、活発な共同体をつくり、そして平等な競技場をつくることです（＝Our purpose is to unite the world through sport to create a healthy planet, active communities, and an equal playing field for all.)」と表現されている。他にも前出のソニーグループであれば、理念を「イノベーション」、役割を「解放者」、領域を「クリエイティビティ」だと仮説的に設定すると、ソニーグループが「クリエイティビティとテクノロジーの力で、世界を感動で満たす。」というパーパスに辿り着く枠組みも見えてくるだろう。このフレームワークを活用する時に、領域享受価値として設定する（詳細は後述）、もしくは役割をしっかりと考えることで、社会における意義に加えて、人に対しての意味合いを考えやすくするメリットがある。

② 3F（Future Forward Framework）のフレームワーク

次に、3F（Future Forward Framework）というフレームワークをご紹介したい（図1-4）。

図1-4 | 3Fのフレームワーク

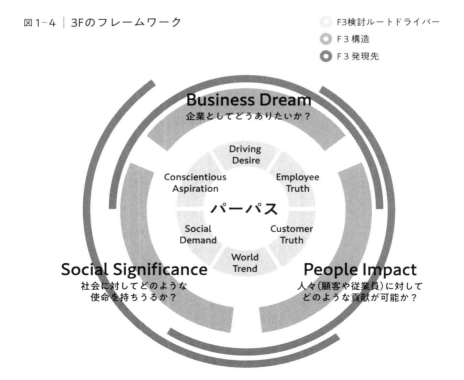

これはパーパスフレームワークよりもより実務的・直接的に自らの存在意義を社会との関係性の中で捉えることで、インターブランドにおいては、アンビションとして捉えていて、よりSMART（Simple, Measurable, Action-oriented, Relevant, Time-bounded）な意義の設定をサポートする。ここでは、社会価値・人間インパクト・事業野心を交錯するべき（させるべき）価値観と捉えている。物語として表現すると「ブランドは自らの意味合いを、ビジネスとしてなしたいことが、社会価値との重なる部分に据えながら、究極的にどのように人に影響するかを考えなければならない」と言える。

▢ フレームワークを使い分ける

　パーパスフレームワークは、3つ重なる領域があることを前提としており、求心力的なダイナミックスだと捉えるといいだろう。

　一方3Fフレームワークでは、遠心力が働きかねないダイナミックスにおいて、「その力をどう交錯させるべきか」という問いがあると捉える。このフレームワークのいいところは、「人へ与えたい影響が明示されている」ことである。これによって、否が応でも「ブランドは人にどう関わるのか」を規定する必要が出てくる。なお、「事業野心」も実は非常に重要であり、美辞麗句だけがあふれる価値観の設定が本当に自身を表現しているのかは、しっかりと考えたほうがいい。ナイキの創業者であるフィル・ナイトの自伝である『SHOE DOG（シュードッグ）』（大田黒奉之【訳】、東洋経済新報社）でも、「Beat Adidas」が当時のナイキにとってどれほど重要な目標であったかが語られている。あのカントですら、人間は理性だけで生きているのではないことを前提しているのだ。企業として事業として聞こえのいい美辞麗句だけでは、自らの芯を捉えられないのではないだろうか。ただし、それを表現するのか、するのであればどう表現するのかは別の問いである。

　さて、この2つのフレームワークを紹介した理由を思い出してほしい。それは、社会でリーダーシップを取る時に必要になり、「人間を軸に考えることはブランドに迫ることになる」という事実を確認するためだった。考え方や事例を示すことで、リーダーシップを考える時に人間を考えることの必然がわかってもらえたのではないだろうか。

第1章｜ブランディング転換点1：社会におけるリーダーシップを取る｜　49

リーダーシップを
取った
ブランドの姿とは？

　では、リーダーシップを取ることにおいては、ブランドは実際には何をするべきなのか。ここでナイキの事例からブランドリーダーシップとブランドアクティビズムの話に入っていこう。具体的には2018年にナイキが行ったコリン・キャパニックを起用したキャンペーンの話である。

　2016年８月当時、ナショナルフットボールリーグ（NFL）「サンフランシスコ・フォーティナイナーズ（San Francisco 49ers）」に当時在籍していたキャパニック選手は、有色人種への差別、暴力に抗議することを目的として、試合前の国歌斉唱中に起立することを拒否。現在に至るまで事実上NFLから追放されている。そんな事態が起こっている中、ナイキは、2018年９月にキャパニック選手の顔写真の上に「何かを信じろ。たとえそれが全てを犠牲にするとしても（Believe in something. Even if it means sacrificing everything.）」とメッセージを掲載した広告を発表。それは "Just Do It." 30周年を記念したキャンペーンであった。それは、（大炎上を含めて）大きな社会的な影響をもたらした。

　この事例から、ブランドへの期待が理解できる。

　仮に、ブランドがすなわち対象であるのであれば、なぜそれほどの影響力があるのか。当然、機能価値においては炎上する理由がない。キャパニック選手を支援しようが批判しようが、ナイキが提供する機能価値には何も影響はない。では情緒価値はどうか。愛着、信頼感、満足感、誇り、安心感、楽しさ、帰属意識、ノスタルジア、インスピレーション、驚き、これらの感覚

において、キャパニック選手を支援するナイキに違和感を抱くことはあるだろう。

だが、果たしてそれで本当に「炎上」にまでことが運ぶのだろうか。

例えばナイキに帰属する感覚の1つにエキサイトメントがあるだろう。ここにおいては、大きな問題にはならなそうである。他には、「誇り」という価値観があるかもしれない。たしかにここにおいては問題になることも想像できる。だが、果たして炎上にまで発展するのだろうか。

例えば、あなたの友人で、あなたがその人に誇りを感じているとする。その友人は、同調圧力などには負けない人で、社内で横行していたハラスメントを告発することもできる。しかしその人が、あなたが批判的に見ているある政党を支持していると知ったとする。あなたはどう思うだろうか。失意を覚え、大きくがっかりするかもしれない。もしかしたら、怒りを感じるかもしれない。だが、激昂することはないだろう。つまりキャパニック選手の件が、情緒価値においてでも、炎上にまで広がることは考えにくい。

ではなぜ炎上したのだろうか。それは、ブランドとは価値のシンボルではなく、「約束である」という捉え方で説明できる。つまり、ナイキが明示的・暗黙的に人々と交わしていた約束が、ナイキブランドにおいては非常に重要であり、人々はそれが反故されたと感じることで、大きな憤りを感じることになった、と言えるのではないだろうか。

ナイキがミッションやパーパスで掲げている「インスピレーション」や「平等」という言葉から連想される約束が、「キャパニック選手を擁立することで破られた」、人々はそう感じ、憤ったと読み解くことも可能だろう。ナイキはキャパニック選手をキャンペーンに起用することで、ナイキが考える世界の在り方をリードした。結果として、キャパニック選手はKnow Your Rights Campを主催するなど、より強烈な社会変革をドライブした。またリーダーシップを示したナイキは、顧客にも株主にも支持される結果となり、WWDJAPANの記事に、こう書かれている。

　この広告を「アメリカへの背信」と捉えた保守派の間で大炎上し、一時株価が3.2％減、時価総額が32億ドル（約3520億円）減とマーケットにまで影響を与えることとなった。

だが結果として同広告は、24時間で4300万ドル（約47億5000万円）相当のメディア露出価値という驚くべきエンゲージメントを生み出し、直後のオンラインで驚異的な売り上げを記録。そして、同社史上最高値の株価となる86.06ドル（約9638円）を更新するなど、18年6〜8月期決算で売上高が前年同期比10％増の99億5000万ドル（約1兆1144億円）という成長を支える要因となっていた。

（WWDJAPAN「ナイキのコリン・キャパニックを起用した“炎上”広告が、広告誌の最優秀賞を受賞（2018/12/07公開）」より）

　これはブランドがもたらす変化の１つである「消費の意味合い」が如実に表れている例だと言える。つまり人々は消費を通じてナイキが示した世界にエンゲージしていることを示したのだ。これこそが人間を基軸としたリーダーシップの取り方である、と言えるのではないだろうか。

　これには、いくつかのポイントがある。まず「人へのメッセージ」がある点である。「何かを信じろ。たとえそれが全てを犠牲にするとしても」は社会へのメッセージではない、人への働きかけである。仮にこれが、「何かを信じる人を支持する社会を応援します」だったらどうだろうか。

　そして、ナイキは「行動」で示している点である。戦略の策定や価値観の規定ではなく、意図を表明することで示した。それが「大炎上してもしっかりと続ける」という行動である。炎上したからやめました、ではない。

　そして、これは深淵において人間のことである。徹底的に本質的に人間を取り扱っていて、リーダーシップの先に思い描いている社会のある姿が見えてくる。リーダーシップは未来を示さなければならない。それは今を確認することとは根源的に異なる。そして、その示している未来は、今とは違っていて、だからそこに恐れ慄く人々が反旗を翻して、「炎上」が起こることも十分ありうるのだ。行動としても結果としてもリーダーシップを取っている事例の１つと言える。

リーダーシップを取る
ブランドは、
どのブランドか？

　ここである疑問が頭に浮かんでいる人もいるだろう。それは「どんなブランドでも"社会におけるリーダーシップを"取れるのだろうか」という問いではないだろうか？　「どんな」とは、どんな会社や製品でも、という質の意味もある。しかし、ここではブランド体系にフォーカスして考えてみたい。簡潔に言うと、答えはYESである。しかし、この問いをブランド体系のテーマの中で考えた時に、「リーダーシップを取るべきブランドはどのレイヤーのブランドなのか」という問いは、実際のブランディングにおいて重要な戦略議論に役立つと思われる。つまり、コーポレートブランド（＝企業ブランド）のレイヤーで取るべきなのか、プロダクトブランドのレイヤーで取るべきなのか、もしくはそれ以外、事業ブランドや要素ブランドなどなのか、という問いである。当然、ここにも正解はないのだが1つの可能性を示したい。ブランドが訴求するべき価値体系を大きく関係価値である「意味価値と意義価値」、そして対象価値である「機能価値と情緒価値」に分け、ブランドは「企業・事業と製品・サービス」と二階層構造だとした場合、図1−5のような棲み分けが可能になる。

　つまりブランドのレイヤーで役割分担をする、ということである。このアプローチを検討する時に、いくつか留意するべきポイントがある。ステークホルダー、全体像、関係性、戦略と実行、そして組織内での位置付けである。

　まず、ステークホルダーをしっかりと理解して設計する必要性である。簡単に言えば、製品・サービスにおいては対価を支払ってくれる人が一義的にはターゲットになるが、企業・事業に関してはどう考えるのかという視点で

第1章｜ブランディング転換点1：社会におけるリーダーシップを取る｜　53

ある。製品・サービスを購入する前提条件としての企業・事業ブランドなのか、就職希望者やコミュニティを主眼に置いたブランドであるのか。組み合わせる部品としてどう設計するのか、である。

同時に全体像（全体感）も重要である。ブランドは個別の部品の積み重ねであるよりも、全体・総体としての企業観だと捉えるほうが本質的である。その全体感がしっかりあることが、仮に構造的にブランドを分けて構築する時に非常に重要になる。骨太の設計がないと、様々な価値観が乱立することになるからである。

図1-5 | ブランドにおいて価値訴求の役割分担

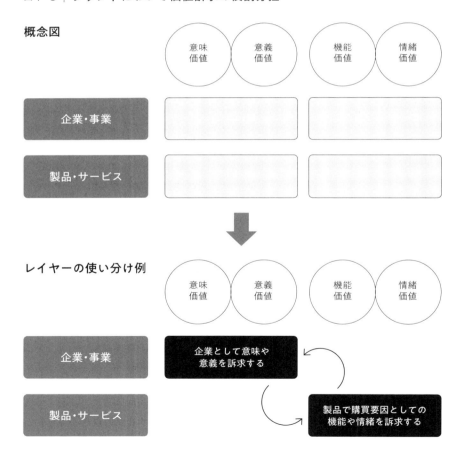

ちなみに、「価値観の乱立」は多くの企業が抱えている課題の1つである。「あの時の社長が作ったから」「いまの会長の肝煎りだから」「創業時の精神だから」など、様々な理由で価値規定が積み上がっている会社をよく見る。多くの企業の企業理念のWebサイトは情報過多と言っても言いすぎではないだろう。だからこそSOMPOのグループ企業理念のWebサイトの「グループ企業の理念」のページは、目を見張るシンプルさに驚かされる。様々な理念をバッサリと「パーパスと価値観のみに集約する」、このような踏ん切りのよさは注目に値する。なぜなら、ブランドを足し算で考えることから脱却することが重要だからである。そうでないと、「結局は何のブランドか」が見えなくなり、また様々な価値観は個別最適で訴求できる要素を持つために、パッチワークのように展開される。すると、「どのブランドで？」の議論が起こり、迷走するのである。だからこそ全体像を総体として捉えて、それを構造化することが、ブランドのレイヤーの役割分担を考える時の肝になる。それは、各要素の関係性の明確化においても、大きな役割を果たす。ブランディングの重要な視点として、ブランドがオーガニックに総体として存在していることがある。全体像のところでも触れたが、様々な価値観の足し上げでは、全体像がぼやけてしまう。ゲシュタルト心理学でも、人間の精神は部分や要素の集合ではなく、全体性や構造こそ重要視されるべきと考えているという。まず何よりも大切なのは全体であることは明白だろう。あるブランドが全体として何なのかが見えない限り意味がない。ただそれは、ブランドが包含する様々な要素の関係性が明確であること、すなわちブランドの構造が明確であることで実現されることも忘れてはならないのである。

　しかし、実務においては担当者が分解されることもしばしばある。そのため、実用性を担保するためには、組織における構造的な設計は必要悪と割り切ることが大切である。この実行を考えた時に、味の素の藤江太郎社長が日経クロストレンドのインタビュー「味の素・藤江社長に聞く『ブランディングの役割』数値化が鍵（2023年1月4日）」において「コーポレートブランドと商品ブランドはどのような関係にあるのか」という問いに対して「『支援と貢献の関係』だと定めている」と語っていることは、参考になるのではないだろうか。

　つまり役割を明確にするのであれば、それがサイロにならないように、部

第1章 ｜ ブランディング転換点1：社会におけるリーダーシップを取る ｜　　55

分最適で終わらないように、しっかりとその関係性を設計し、活動に落とし込むことが重要である。

例えば、企業として「社会的責任」を訴求しつつ、製品では「楽しさ」を訴求する場合。この時に、完全に別々の訴求であれば、1＋1＝2の世界である。しかし、同じコミュニケーションでも企業と製品の重なりも訴求できれば1＋1＝3にもなる。さらに、整合しているブランド群として体験できれば1＋1は4にも5にもなるだろう。そして、戦略と実行は明確に分けなければならない。ここで語っているのは、戦略であり、戦略をどう伝えるかは全く別のテーマである。メッセージを乱発することは、決して上策とは言えない。MasterClassというアメリカ系のコンテンツチャネルにおいて、選挙請負人の呼び声高いデイヴィッド・アクセルロッドとカール・ローヴは、繰り返し「one message（一貫したメッセージ）」の重要性を語っている。番組から引用すると「キャンペーンが苦境に立たされているほぼ確実な兆候の1つは、キャンペーンの過程で複数のスローガンを使用している場合である」。

つまり、仮にブランドの役割を階層的に設計したとしても、それをどう発信するかは別の問いである。これを混同してはならない。この実現においては、ブランドの社内での位置付けは常にレビューにさらされる必要がある。具体的には、ブランドはプロフィットセンターであることを期待されているのか、（少なくとも企業・事業ブランドにおいては）コストセンターであることを許容されるのか、である。これは上記の問いの答えの受け皿になると同時に、どのようなスコープ、すなわち広がりや時間軸で語られるかで変わってくる。直接的に影響を測れる影響範囲の中で1会計年度での測定なのか、影響の広がりを大きく捉え5年間の中でインパクトを考えるのかで、コストセンターとプロフィットセンター、どちらで捉えるのかが変わってくるだろう。

ブランドがリーダーシップを取る場合、どのブランドがインターフェイスの役割を取るかは重要な問いになる。なぜなら、リーダーシップを取る上で、パーパスをなすこともプロミスを守ることも重要な要素であり、それが本質的に整合しているとしても、その具現化における粒度や解像度は異なるからである。

そして上記のようなポイントをしっかりと理解して、「やりたいこと・示したい姿」と「戦略」と「実行」が整合するようにブランドの姿をしっかりとオーケストレーションすることが必要である。

ブランドが
リーダーシップを
取った後に

　ここまでの流れで、ブランドがリーダーシップを取ることの意味、その要件、そしてそのインパクトを眺めてきた。機能価値や情緒価値という言葉で閉じた定義の中で踊っていたブランディングの世界観とは一線を画した見方だが、どう思われただろうか？　そしてこの意味するところは、ブランドと人々との関係性の変化である。価値の交換に根差した関係である限り、提供できる価値が消失したり陳腐化したりした時点で、その関係性も終わる。本質的にそれはトランザクショナル（取引的）だからである。

　しかし、リーダーシップに根差した関係はそれとは異なる。そこには本質的に信頼と期待に立脚した関係がある。それはすなわち絆なのだ。「『もはや世の中に"欠陥車"など存在しない』市場」とJ.D.Powerが宣言してから、すでに20年以上が経つ。であれば、価値の交換では不十分なのはなおさらだ。「そう、だから我々は情緒価値の訴求にシフトしたのだ」と広告代理店は言うだろう。では、ブランドはそこに本質的な価値を創出できてきたのだろうか。差異なき差別性を生み出し続けただけではないだろうか。もっと言えば、「買う理由」を供給し続けただけではないだろうか。しかし、そんなブランドは市場にあふれかえっているので、そういったブランドは見放されてしまう。

　だからこそ、ブランドは社会におけるリーダーシップの取り方に真摯に向き合う必要があり、これこそがこれからのブランディングの軸の1つになる。

COLUMN

ブランディングに正解はない

　本書でできるだけ避けている表現がある。

　それは「正解」という表現である。

　本書の主題から少し話が横道にズレるが、「ブランディングに正解はない」と改めて明言したい。というのも、コンサルタントとしてクライアントと接していると、まず正解を求められ、次にそれが正しいことをベンチマークスタディーで求められることが多い。しかしこの姿勢ではブランディングは成功しないことを改めてお伝えしたい。

　そもそもブランディングにおける戦略に正解はない。正解が及ぶ範囲は、「意思や意図や情熱を適切にブランドに落とし込めているか」である。当然、制約条件や戦略意図、市場や競合の環境などを鑑みた時に、よりよさそうな選択肢はある。だが、それは正解ではない。フェイスブックがメタに名称変更したのも、イーロン・マスクの言動（が作るブランドイメージ）も、ナイキによるコリン・キャパニックのキャンペーンへの登用も、全て正解かなんてわからない。言い古されているが、重要なのは100点の戦略を70％でやることではなく、70点の戦略を100％やり切ることなのだ。そして、ベンチマークスタディーに正解を探している限り、永遠にベンチマーク相手の先には行けない。

　先日、ある企業とディスカッションしていた時に、「気がついたのです！我々は見方によっては○○企業こそが見るべきベンチマークだと言える。だから、○○企業がやっていることを丸パクリすればいいのだ、と！」と嬉々として言われた時には、途方もない徒労感に襲われた。

　アマゾンの会長であるジェフ・ベゾスの「競合他社が私たちに注目し続ける一方で、私たちは顧客に集中し続けることができれば、最終的には上手くいく」という言葉を額に刻み込んで仕事をしてほしい。

第2章

ブランディング転換点2:
機能価値の勝負から
享受価値の実現に
シフトする

イントロ

　では、ブランドは社会貢献をしていればいいのだろうか。社会変革のアイコンであることだけが重要なのだろうか。それに対して人々はブランドにお金を支払っているのだろうか。もちろん違う。人々は何かをなすためにブランドにお金を払っている。それはその日に必要なカロリーを摂取することかもしれないし、見栄を張ることで自己顕示欲を満たすことかもしれない。そんな何かをなすためにブランドに対してお金を支払うのである。

　第1章では、ブランドが担わなければならない役割として、社会におけるリーダーシップの比率が上がっていること、ステークホルダーがブランドと関係を構築する前提が変わっているという話をした。それだけがブランドの役割になったわけではない。前出のお金の意味合いの変化は、無論、重要な変化であり、それは対価の考え方を変えるのかもしれない（図2-1）。

　しかし、この対価部分はゼロにはならない（もちろん、純粋な寄付においては異なる捉え方になるが）。これが、古典的な意味でのブランドを買うパーパス（＝購買目的）であり、イノベーションの大家であるクレイトン・クリステンセン教授の言う"Jobs to be done"である。

図2-1 ｜ ブランドに求められる価値の変化

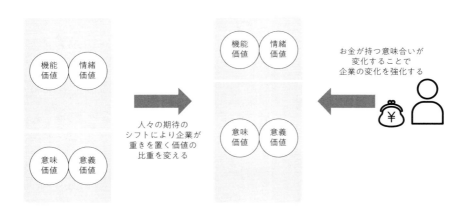

ブランドと接する目的

　ここで一歩立ち止まるポイントがくる。「では、この『購買目的』とはなんなのか？」という問いだ。古くから言われている、「顧客はドリルがほしいのではない、穴がほしいんだ」はクリシェだが、このクリシェで思考停止していたら前に進めない。だから穴を売ればいい、だから爽快感を売ればいい、だから元気を売ればいい…などと、企業が何かを提供することの見返りとして対価を受け取り続ける限り、ブランドはどんな価値に対価を要求できるのかを問い続けることが宿命付けられている。だが、それでいいのだろうか。人々が求めていることを構造化して考えてみよう（図2-2）。

図2-2 | 人々が求めていること

目的	価値	内容
効用・可能性	提供価値・具現価値	それを持つことで何ができるのか？
欲求・目的	目的価値・結果価値	それはどんな欲求を満たしてくれるのか？
意味・意義	享受価値	それが実現してくれる先にはどんな意味や意義があるのか？

第2章｜ブランディング転換点2：機能価値の勝負から享受価値の実現にシフトする｜　61

ブランドはここで示している３つのどのレイヤーの欲求に訴求するのかを考えなければならない。正確に言えば、効用や可能性といった製品やサービスから直接享受できる価値を訴求するのか、対価を介して欲求や目的をなすことを訴求するのか、それとも意味や意義といった深い高次元な価値を訴求するのか、いろいろな可能性がある、という視点である。

　前出の関係価値や対象価値といった価値の在り方、そして上記で説明した提供価値・具現価値や目的価値・結果価値そして享受価値といった価値の質。ブランドとしてどんな価値に取り組むのか、この問いがまず変化している。あえてこれまで使ってきた言葉を避けて、一般的に流用している言葉で表現してみると、機能価値から意味価値へと求められるところがシフトしているのだ。

　では、それは受け手（＝顧客を筆頭としたステークホルダー）視点で見ると、どう変わりうるのか。そのブランドと接することで受けられる直接的な価値が重要なのだろうか。それとも、ブランドと接したことで結果的に得られる価値が重要なのだろうか。

　この２つは、ドリルと穴に相当する。

　例えば、ヨドバシカメラを介してマキタに15,000円を支払って電動ドリルを買ったのであれば、ドリルが手に入り、そのドリルを使った結果として手に入るのが穴である。顧客にとってこの購買行動は重要であるが、こういった価値から、社会的責任を担っているブランドとの接点を感じることは難しいのではないか。

　ドリルという「製品」の話に限ると、ここまででも仕方ない。しかし、もし我々がマキタという企業ブランドの話をしているのであれば、視点を変えてほしい。マキタが「Strong Company」や「充電製品の総合サプライヤ」以上のパーパスなどの価値観を定めているかどうか、HPからは推察できない。しかし、ブランドとの関係の結果として、人生がどのように豊かになるのかを語れたら（例えば何でありうるか、を考えてみてほしい。後で答え合わせをしよう）、そこには「個を大切にする社会を実現しよう」という社会のリーダーシップが見て取れるようになるのではないだろうか。

最初の問いに戻ろう。

　Jobs tc be doneとして必要なのはなんなのか？　ブランドが約束するべき"目的"とはどうあるべきなのか？　社会的リーダーシップを取るブランドが約束するべき"目的"とはなんなのか？

　我々はその問いの答えを「享受価値」という考え方だと捉えている。だからこそ今回は享受価値を捉えて、なぜこの考え方が重要であるかを見ていきたい。同時に、実は、なんでもかんでもwell-beingなブランド訴求では、残念なことに新しい流れを終わらせようとしているに等しい。この現象についても考えていきたい。

享受価値とは何か？

　序章や第1章でも説明したように、ブランドは本質的に人間的である。そんな我々は何を求めているのだろうか。それを突き詰めていくと、「そのブランドとの関係を持つことで、我々はどのような人生を実現したいのか」という問いに辿り着く。ブランドに求められる資質の1つが「社会をリードする」という外的な影響の持ち方であるなら、もう1つの本質的な側面は、「ブランドは人にとって何でありうるのか」である。人が内面・自己と向き合う中で、ブランドとの関係において、どんな意味を持つべきなのか、それを考えることがすなわち享受価値なのである（図2-3）。

図2-3 | **享受価値**

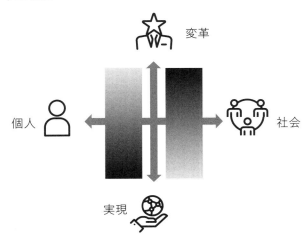

まずはインターブランドが持っている特に重要な定義の1つを示そう。それは「生活者の享受価値から競合環境を捉える」であり、インターブランドはこの考え方をアリーナと呼んでいる。アリーナという考え方自体はリタ・マグレイス教授が著書『Seeing Around Corners』で詳しく説明している考え方である。そこではアリーナとは「特定の時間と場所における顧客の『成し遂げたい仕事（Job to be done）』」と定義されている。マグレイス教授が挙げているウエディングを例に具体的に説明しよう（図2-4）。

例えば結婚式場を提供している帝国ホテルを軸に考えると、「同じ物やサービスを作っている（＝提供価値：何を提供しているか）」競合は、例えばグランドハイアットやパレスホテルだろう。これを拡張して、ウエディングを実現するために「同じ領域で価値を提供している（＝目的価値：何の実現をサポートしているか）」となると、ハネムーンや婚約指輪が競合になる。だが、問うべきは「なぜウエディングをやりたいのか？」である。その答えは「自分らしさを表現したい」かもしれないし、「よりよく生きる」を実感したいのかもしれない。仮に、「自分らしさの表現」という根源目的がウエディングにお金をかける理由だとすると、ウォレットシェアの競争（＝財布の奪い合い）相手は車や別荘かもしれない。これを享受価値、すなわち「何を得るのか？」における戦いと捉えられる。

図2-4 | 事例：ウエディングのJob to be done

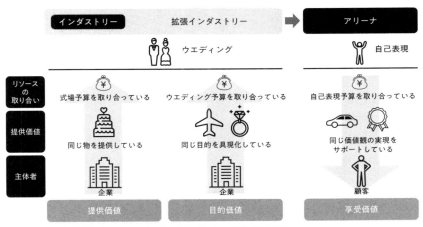

出所：マグレイス教授の説明をベースに、インターブランドによって分析・加工・策定

この考え方に肉をつけ血を通わせるために、マンフレッド・マックス＝ニーフが提唱する「発展の人間のニーズ」をベースにして導き出した人間が求める12の根源的なニーズをもって、アリーナを類型化していこうと思う。（図2－5）。我々はGo, Play, Connect, Express, Move, Learn, Do, Fund, Thrive, Dwell, Taste, Provideの12の領域を特定している。つまり、人間が求める価値、人生を生きる上で受ける必要がある価値とは、この12の領域のどこかにある、という整理である（詳細は、本章後に説明のコラムを入れている）。享受価値とはなんでありうるかを探索していく過程で、この考え方は羅針盤の役割を果たしてくれる。そこにおいての北極星は徹底的な人間理解への情熱、コンパスは我々がHuman Truthsと呼ぶ人間理解の方法論である（Human Truthsに関しては第4章で詳しく言及する）。

図2-5｜アリーナを類型化

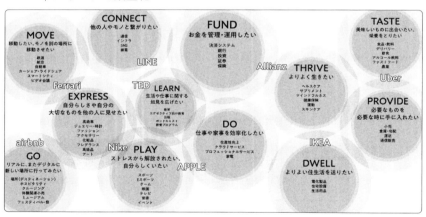

　定義的な確認はここまでにして、一歩下がって、「享受価値をブランドがどう考えるべきか」を再び考えてみよう。Jobs to be doneを考えれば、結果価値がなされれば十分であり、享受価値までに抽象化する必然はない。しかし、享受価値まで抽象化することで、大きく2つのベネフィットがある。1つは、リーダーシップという考え方との整合性、もう1つはブランドの関与領域の再定義である。

▷ リーダーシップとの整合性

　まずは、リーダーシップとの整合性を考えていこう。ブランドが担っている役割によってどこまで社会的な意味合いを担うかの濃淡はあるとしても、ブランドは社会における意味と意義を担うことが求められるようになった。こういった環境で顧客と約束することが、単純な結果としての価値（＝ドリルとの対比における穴）で、ブランドが社会を語っているのであれば、そこに不協和が起きる。

　ここで勘違いしてはいけないのは、「訴求すべきは享受価値だけではない」ということ。結果価値の訴求も重要であり、機能価値を示すことで信じる理由を明示することが大切である。決まり文句のようになっている「顧客はドリルではなく穴を求めている」を疑わず、「結果価値は何か？」だけの問いでは不十分ということだ。本章の冒頭でマキタの例を挙げたのは、この重要性を伝えるためである。

　ブランドが人と企業とのインターフェイスである限り、そしてブランドが社会におけるリーダーシップを取るのであれば、ブランドが人々にもたらす影響を機能価値や結果価値のレイヤーで止めるのは、認知的不協和につながってしまう。例えば、「我々は人々がbricolageを忘れないことで野生の思想の居場所を築く」という社会への関わりを標榜しているブランドが、「我々はドリルではなく穴をお届けする」という価値訴求だけに終始して顧客接点を構築していると、何か不協和を覚えないだろうか。もっと平易に「かゆいところに手が届く、DIYの機会を提供する」という社会との関わりだとしても、「我々はドリルではなく穴をお届けする」という価値の訴求では、「ん？」とならないだろうか。

　では、このブランドが「我々はあなたの自己表現をサポートする」と価値を表現したらどうだろうか。少しイメージが具体的になったのではないだろうか（ブランド体系の話を無視していたり、戦略とメッセージの話が混在したりしているが、不協和をわかりやすく伝える例として受け取ってほしい）。これを別の表現をすれば、ブランドのストーリー性が人々にとって共鳴しやすくなる、という明確な効果がある。

第2章｜ブランディング転換点2：機能価値の勝負から享受価値の実現にシフトする｜　67

そう、ブランドは共鳴する対象であることが重要なのである。

⬚ ブランドの関与領域の再定義

次に、関与領域の話である。関与領域とは、「ブランドが関与する領域」という意味合いである。誤解を恐れずシンプルに表現すれば、「ブランドが想起される訴求価値の範囲」と言える。

具体的にアリーナの考え方から説明しよう。ナイキはスポーツグッズのブランドだと理解されているが、ナイキが培ってきたブランドアセットを活用すれば、例えばヘルスケアや食品のブランドと連想させることも可能、という話である。「なんだ、ブランドエクステンションができる範囲の話か」と思われた方もいらっしゃるだろう。非常に正しいが、非常に惜しい。それでは、まだ思考停止なのである（「思考停止」は、ブランド進化を阻む要素の1つであり、最終章で言及する）。ここまで話をしてきた享受価値に関する理解を踏まえると、享受価値とは人が「取引関係」ではなく「パートナー関係」としてブランドとの関係性を築くための価値観の抽象化と言えることは明白だろう。先のナイキの例から持つべき問いは、「どうエクステンションできるのか」ではなく、「どんな総体としてブランドは認知されたいのか」という問いだ。「構造的にブランドが使えるカテゴリー」を考えるのではなく、「ブランドが総体として存在するべき領域」を捉えるのである。

抽象度が高かったかもしれないので、具体に戻ろう。アリーナの知見を活用すると、前出のナイキの場合は"Express"と"Play"が主軸と言えるとする。それに"Connect"と"Thrive"を副次軸とすることで、ブランドを定義できる。これは「ブランドをどう捉えたいか」という思想の話であり、同時にブランドにどのようなPermission to play（活動領域に関しての許可を顧客が与えること）が与えられているのか、という関係性の話である。別の言い方をすれば、「ブランドオーナーはどんな価値で人々と関わることを望み、それは顧客から許されるのか」という問いへの答えである。これが明確になると、あるべきブランドの姿、狭義におけるブランドの姿が見えてくる。具体的に言えば、ブランドが並び立つ相手が変わってくる、すなわち競合が変わる。

これは事業実態が変わることも示唆しており、例えばナイキが"Connect"として想起されることを前提として考えれば、顧客から見た"Connect"領域での競合は"Express"とも"Play"とも異なることは大前提だと言える。例えば、"Express"×"Play"での競合はわかりやすくアディダスやアシックスであり、"Express"だけで見ればプラダがあるかもしれない。翻って"Connect"になった時点でその相手はインスタグラムになるかもしれない。

　だが、話はここでは終わらない。"Connect"アリーナでの活動許可（Permission to play）を得るには、そのための能力を獲得する必要があり、それには例えばグーグルやズーム、もしかしたらソニーグループと人材獲得競争を繰り広げなければならないかもしれない。ブランド戦略を考えると、この競う相手が変わるということには多大な意味合いが隠されている。考えてみてほしい。例えば○○商社が競う相手（どの資源に対してか、顧客資源なのか、人的資源なのか、それとも財務資源なのか、は関係なく）が××商社からグーグルに変わるとしたら、もしくは日立製作所に変わるとしたら、もしくはテスラに変わるとしたら、果たしてブランドの訴求は同じでいいだろうか。いいわけがない。これから多くの企業は事業ポートフォリオも事業ドメインも活動地域も大きく変化せざるを得ないだろう。

　特にこれからの10年や20年は激動の時期になることが予想され、そうであれば、この間にブランドも大きく転換する必要がある。その時の羅針盤となるのが、まさに享受価値なのである。

アリーナ調査の結果が示すwell-being信仰

　ここで、インターブランドが2023年に実施したアリーナ調査の結果にも少し触れておきたい。2023年のBest Japan Brands発表に合わせて、アリーナに関する顧客と企業の理解と認識の調査を行った。様々な示唆深い調査結果が出ているが、ここでは特に重要なwell-being信仰を示すデータを中心に提示したい。

　まず図２−６を見てほしい。この表は、生活者から見た時に、ブランドがどのアリーナに帰属すると思うかを示している。

図2-6 | 各ブランドが属するアリーナについて

	1位	2位	3位	4位	5位	6位	7位	8位	9位	10位
Move	Yamato	Japan Airline	SUBARU	Toyota	Honda	SAGAWA	Daihatsu	Suzuki	Nissan	Mazda
Connect	LINE	NTT Docomo	Softbank	NTT Data	au	Nintendo	Mercari	Sony	Fujitsu	SAGAWA
Fund	MUFG	Resona	SMBC	Mizuho	Nomura	MS&AD	Rakuten	NRI	Orix	Meiji Yasuda
Thrive	Sekisui House	Daiwa House	Daikin	Nitori	Astellas	Omron	Panasonic	CHUGAI	Ajinomoto	Hitachi
Taste	Ajinomoto	Kikkoman	Meiji	Nissin	Calbee	Suntory	Yakult	Kirin	FamilyMart	Asahi
Go	Japan Airline	Toyota	Honda	Nissan	SUBARU	Nintendo	Mazda	Suzuki	NTT Data	Daihatsu
Express	Nikon	Shiseido	KOSÉ	LINE	Zozotown	Sony	Muji	Panasonic	Olympus	Shimano
Play	Nintendo	Bandai Namco	Konami	Asahi	Kirin	Meiji	Calbee	Shimano	Sony	Asics
Learn	Japan Airline	NTT Data	NTT Docomo	Recruit	NRI	NEC	Fujitsu	Keyence	Softbank	Murata
Do	Makita	Hitachi	Panasonic	Mitsubishi Electric	Fujitsu	Cainz	EPSON	NEC	Daikin	Nitori
Dwell	Daikin	Sekisui House	Daiwa House	TOTO	Nitori	Mitsui Fudosan	Panasonic	Cainz	Hitachi	Muji
Provide	Rakuten	7-Eleven	Lawson	Family Mart	Cainz	Mercari	Matsumoto Kiyoshi	Yamato	Nitori	SAGAWA

　▨ 4つのアリーナで想起されるブランド　　▨ 3つのアリーナで想起されるブランド

ここで見て取れるのは、複数のアリーナにまたがって存在しているブランドと、特定アリーナでの専業感が高いブランドの間で、そこまで明白な業態の違いがあるわけではないことである。たしかに、プラットフォーマーやコングロマリットのほうが多くのアリーナを想起されているが、そうでなくとも例えばソニーグループのようなブランドでも広範囲にアリーナ想起を取れている（図2-7）。一方、実際には事業は多角化しているにもかかわらず、明確な帰属領域があるブランドもある。ここから得られる示唆は、「何をやっているか」だけではなく、「どう見られているか」の重要性である。

図2-7 | 各ブランドの想起アリーナ数

想起アリーナ数	ブランド				
12	Apple	Amazon	Rakuten	Yahoo!	Toyota
11	Google (Fund以外)	Sony (Taste以外)	Aeon (Go以外)		
10	Instagram (Fund、Provide以外)	Twitter (Move、Fund以外)			

　次に図2-8を見てほしい。ここでの注目点は、助成想起と純粋想起で特定アリーナの第1想起ブランドが異なる点である（注：本調査における助成想起は、インターブランド発表のBest Japan Brandsランクイン企業になる。包括的ではないが、強いブランドがリストされているため、調査として意味があると考えている）。仮に助成想起で想起されたいアリーナでマインドシェアを取れているのであれば、ブランドイメージをどう塗り替えられるかが重要になる。逆に純粋想起ではマインドシェアが取れているが助成想起で競合に劣後しているのであれば、相対的な立ち位置をしっかりとレビューした上でのブランド戦略を再検討する必要がある。

第2章 | ブランディング転換点2：機能価値の勝負から享受価値の実現にシフトする | 71

図2-8 | 助成想起と純粋想起の比較

	アリーナ	Best Japan Brands ランクインブランド内での想起量第1位	純粋想起で思い浮かぶブランド第1位 (※1) (※2)
MOVE	移動したい、モノを別の場所に移動させたい	Yamato	JR (24.2%)
CONNECT	他の人やモノと繋がりたい	LINE	LINE (21.4%)
FUND	お金を管理・運用したい	MUFG	Japan Post (8.1%)
THRIVE	よりよく生きたい	Sekisui House	Suntory (6.2%)
TASTE	美味しいものに出合いたい、栄養をとりたい	Ajinomoto	Ajinomoto (5.4%)
GO	リアルに、またデジタルに新しい場所に行ってみたい	Japan Airlines	JTB (9.0%)
EXPRESS	自分らしさや自分の大切なものを他の人に見せたい	Nikon	Uniqlo (9.8%)
PLAY	ストレスから解放されたい、自分らしくいたい	Nintendo	Nintendo (1.4%)
LEARN	世界や仕事に関する知見を広げたい	Japan Airlines	Nikkei (3.3%)
DO	仕事や家事を効率化したい	Makita	Panasonic (8.9%)
DWELL	よりよい住生活を送りたい	Daikin	Nitori (15.3%)
PROVIDE	必要なものを必要な時に手に入れたい	Rakuten	Rakuten (12.2%)

※1　海外ブランドが1位の場合は日本ブランド1位
※2　括弧内の数字は想起率

　他には図2-9を見てほしい。ブランドのアリーナ想起の傾向から、「自分と世界を繋げるブランド」「自分を取り戻させてくれるブランド」「自分らしくいるためのサポート」「自分と人を繋げるブランド」「世界を広げるサポートブランド」の塊に分解できる。これは前述の競争相手が変わる可能性を明示的に示唆している。

図2-9 | クラスター分析による100ブランドの分類と各グループの代表ブランド

自分と世界を繋げるブランド

セクター別ブランド数

Automotive	11
Business services	1
Logistics	1

代表ブランド

Japar Airlines／Toyota
NTT Data／Bridgestone／Denso

自分を取り戻させてくれるブランド

セクター別ブランド数

Personal care	6
Construction &Real estate	4
Diversifiead	4
Machinery	2
Pharmaceuticals	2
Apparel, Electronics, Financial services, Food & beverage, healthcare, precision equipment, retail, security	各1

代表ブランド

Sekisui House／Daikin／TOTO
Kao／Hitachi

自分らしくいるためのサポート

セクター別ブランド数

Retail	9
Food & beverages	8
Technology	1

代表ブランド

Seven Eleven／Ajinomoto
Matsumotokiyoshi／Mercari／Nitori

自分と人を繋げるブランド

セクター別ブランド数

Electronics	7
Telecommunications	3
Business services	2
Diversified	2
Entertainment	2
Media	2
Healthcare, Machinery, Precision equipment, Sporting goods	各1

代表ブランド

NEC／NTT Docomo／Nintendo
Fujitsu／Yamaha

世界を広げるサポートブランド

セクター別ブランド数

Financial services	12
Business services	4
Logistics	2
Machinery	2
Personal care	1

代表ブランド

Yamato／SAGAWA／MUFG
Pigeon／EPSON

　例えば、任天堂の競合はプレイステーションではなくヤマハなのかもしれないし、味の素の競合はメルカリなのかもしれない。ここに享受価値でブランドを考える1つの大きなバリューがある。改めて言うが、競合が変わるかもしれないのだ。

　そして図2-10を見てほしい。この表がいちばんのポイントである。ここでは、12のアリーナに関して、ブランドには「自分たちが今どこにいて」「自分たちはこれからどこに行きたいのか」を問い、生活者には「あるブランドが今どこにいて」「そのブランドはこれからどこに行っていいと思うか」を問うた結果である。これこそ私がwell-being狂騒、もしくは妄信的well-beingと呼ぶ今の時代なのである。

第2章｜ブランディング転換点2：機能価値の勝負から享受価値の実現にシフトする｜　73

図2-10 | ブランドの現在地と将来についての認識の差

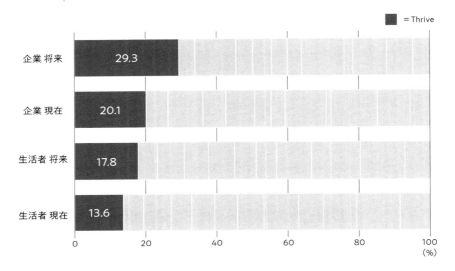

　この表の課題は明らかではないだろうか。
　ブランドは押し並べたようにwell-beingブランドになりたがっている一方で、顧客がいま「well-beingブランドである」と認めているのは極めて限定的である。数値で語ると、生活者が現在well-beingブランドと認めているのは13.6%。対してブランドとして将来well-beingブランドでありたいと思っているブランドは29.3%。この状況をどう見るのか。これこそが大きな問いである。

妄信的
well-beingの先に

インターブランド実施の調査結果を見るまでもなく、世の中総じてwell-beingな企業になっているのは実感で明らかではないだろうか。例えば、パソナが発表している「ウェルビーイング経営に成功している企業事例」では、次のような企業が名を連ねている。

- トヨタ自動車／ミッションに「幸せの量産」
- 丸井グループ／「手挙げ式」のウェルビーイングプロジェクト
- 積水ハウス／企業理念の根本「人間愛」を重視

これらの例以外にもwell-beingを掲げる会社を想起するのは、難しくない。この領域がデータで見ても、観察しても、大きく混み合っているのは間違いないだろう。ここで享受価値をブランドにおいて活用するための、最後の一山を超えたいと思う。それは、享受価値における「らしさ」の考え方の整理である。アリーナを前提に考えると、12個のどれかを取ることになる。すると、当然かぶる会社はたくさんある。それは仕方がないことだが、果たして本当にそうなのだろうか。

いや、違う。そこで、この罠から抜け出す3つの道を示したい。1つはかけ算、1つは粒度、1つは個性である。

「らしさ」の整理1：かけ算

　まずはかけ算に関して説明する。これはいちばんわかりやすい解決策である。簡単に言えば、どのアリーナ（もしくはどんな享受価値領域）にまたがるか、どこに比重を置くかで「らしさ」を示す考え方である。

　例えば、ナイキとアシックスで思考実験をしてみよう。ナイキもアシックスもPlayが軸であることは変わらないだろう。しかしナイキではExpressがPlayと同じ比重を取りながら、アシックスではThriveが2番目のアリーナと設定する。ナイキはこれにConnectを乗せながら、アシックスはLearnを取りにいく、なども挙げられる。このように、「かけ算」と「比重」で表出するブランド感が変わりうることはイメージしていただけたのではないだろうか。これは、デイヴィット・アーカー教授が示したブランドパーソナリティ、そしてその混濁とは異なると理解する必要がある。ここで語られているブランドが存在するアリーナと、ブランドがどう見えるかのパーソナリティの話が同じでないことを理解するのは、難しくないだろう。「どこにいるか」と「どうあるか」の違いである。これに基づくパーソナリティの設計は従属する。

「らしさ」の整理2：粒度

　次は粒度に関して説明する。ここで言う粒度とは、享受価値の具体性と言ってもいい。粒度をどの程度にするかで他社（特に現時点でのど真ん中の競合）とのズラしを実現できる。

　例えばwell-beingで言えば、「身体的な健康と活力」「感情的なバランスと回復力」「社会的つながりと帰属感」「精神的な明瞭さと認知機能」「精神的な充足感と目的意識」「環境的調和と持続可能性」「経済的安定と安心感」といった様々な粒度の上げ方がある。「身体的な健康と活力」の粒度を上げたければ、筋力と持久力の向上、免疫機能の強化、柔軟性と可動域の拡大、ホルモンバランスの調整、という可能性もありうる。

　ここで留意すべきは、粒度を細かくすればするほど、機能価値になってい

くことが往々にしてあることである。ブランドとして認知されたい領域の広がりと、実現に向けて実態の変革ができる境界線を睨みながら、しっかり自社にとっての適切なバランス感を定める必要がある。

▭「らしさ」の整理3：個性

　最後に個性に関してである。ここで言う個性とは、いわゆる「ブランドらしさ」である。ブランドパーソナリティもその一部となりうる。しかしより事業寄りでの「らしさ」もありうる。

　例えば味の素は「アミノサイエンス®で、人・社会・地球のWell-beingに貢献する」と掲げている。「人・社会・地球のWell-beingに貢献する」は多くの企業でも言えるが、「アミノサイエンス®で」という部分は、味の素にしか言えない「らしさ」であると言える。このように一般的になりがちな享受価値を自社固有の何かとかけ合わせることで、個性を出していくのも1つの在り方である。

　他にもゼネラル・エレクトリックが掲げていたecomaginationのように（これは事業ブランドであるが）、領域としてのeconomyとecology、ブランドとしてのimagination at workを組み合わせることで個性を示していく方法も有効である。

　本質的に考えると、どの享受価値領域を捉えるべきなのかは、戦略的に言うとWhere to competeである。同時に、そこにとらわれずに、どのような相手（＝パートナー）となりたいか、それをどうやったら許してもらえるかを総体的に考える（＝参入市場の積み上げの対比として）ことの可能性と必然性も理解してもらえたのではないだろうか。

第2章｜ブランディング転換点2：機能価値の勝負から享受価値の実現にシフトする｜　77

享受価値を実現する
キーワードとしての体験

　ここまで読んできて、こんな問いが浮かんでいるのではないだろうか？
「概念としてはわかるが、大きな旗を掲げる以上のことで何ができるのだろうか？　享受価値につながる実際の体験とはなんなのか？」

　事業で享受価値の提供を実現できるだけの実態があることは大前提である。しかし、それだけでは十分でない。享受価値とはここまで見てきたように、かなり広範囲な体験や経験の構成として実現しうる価値である。となると、基本的に1対1の価値交換（すなわち、ある価格に対してある製品やサービスを提供する、という1対1性）を前提としている限り、なかなか享受価値の約束までは踏み込めない。

　そこでより広範囲な体験の設計と、自らに閉じるのではない体験提供のエコシステムの構築が必要になってくる。これはビジネストランザクション以外の領域での接点を包括的に考えた時の設定の提供をどう考えるかになる。詳細は次章に譲るとして、ここでキーワードを3つ紹介しておきたい。

① オムニチャネル
② 包括的顧客享受価値体験
③ 顧客生涯価値（LTV：Life Time Value）

　享受価値の視点からなぜこれらを体験に落とし込むことが重要なのかをこれから説明していく。

① オムニチャネル

　オムニチャネルに関して、わたしが特に重要だと考える点をまず示したいと思う。ブランドは顧客との関係を広げるオムニチャネルを通じた顧客の体験の質において、「購買という関係性を追い求めるべきタイミング」と「商取引という関係を排除するべきタイミング」が明確に違う。

　商取引という関係を排除するべきタイミングを実践する「店舗では売らない」というブランドも増えてきている。これらのブランドは、顧客に「購買のタイミング」と「それを排除するタイミング」を明確に分けて体験してもらうことで高い愛着と信頼を生み出している。

　オムニチャネル勃興時である2011年にアメリカのファッションブランド「ボノボス」が実現していた世界観にやっと追いついてきている感がある。これから、こういった流れは加速していくだろう。あなたも、ブランド構築を考える時は「オムニチャネル上で提供する2つのタイミング」について、一度立ち止まって考えてほしい。

② 包括的顧客享受価値体験

　次に「包括的顧客享受価値体験」である。これは顧客とブランドの関係を「購買のシーン」「その前後の体験」だけで捉えるのではなく、「顧客がブランドと接点がない状態でも、そのブランドから享受する価値と接点を理解する」という考え方である。

　例えば、街を歩いている時、ふと巡りあった「ブランドには全く関係のない場」においても、自分とあるブランドとの関係性を思い出すことで「なりたい自分に近づけている、そんな自分が誇らしくなる」といった、個々人にパーソナライズされた体験から得る認識も、この「包括的顧客享受価値体験」である。そこにおいて、初めて体験におけるプレイヤーのランドスケープが見えてくる。「包括的顧客享受価値体験」を考えることができて初めて、自社ブランドが「顧客にとっての心象風景」や「社会的心象風景」の中でどう立ち居振る舞うか？　そこでどう価値提供の要石ブランドやエコシステムブランドになりうるか？を考えることができるようになる。このあたりは最終前章で少し触れる。

第2章 | ブランディング転換点2：機能価値の勝負から享受価値の実現にシフトする | 79

③顧客生涯価値（LTV：Life Time Value）

そして顧客生涯価値の視点である。これが重要になるのは、事業として前出のオムニチャネルと包括的顧客享受価値体験を捉えるためには、トランザクションで区切られた損得勘定では難しいからである。

日本においてオムニチャネルが広がらなかった大きな要因の1つは、チャネル間での売上と利益の奪い合いがあるからであった。オムニチャネルで最初に想起される施策はクリックアンドコレクトである場合が多かったと思うが、それはクリックされたチャネルの売上になるのか、コレクトされたチャネルの売上になるのか、チャネルが使ったコストはどうなるのか。このようにアメーバ経営的な損益計算書の持ち方との親和性が非常に低い領域だったことが大きな障害になった。この縛りから抜け出し、顧客生涯価値に立脚した利益の捉え方にシフトしない限りは、オムニチャネルも包括的顧客享受価値体験も、絵に描いた餅になる。

ここまで享受価値がブランドにもたらしうる変革の可能を見てきた。別の捉え方をすると、人々がブランドに何を期待するかがより内省的になっているということだ。社会から何を得るか（＝取引で手に入れるか）ではなく、社会と自己の接点に自分にとってどんな意味を求めるのか（＝関係からどんな価値を享受したいのか）に人々の関心の前提がシフトしている、とも言えるのではないだろうか。

これこそが、ブランドが実現するべき享受価値である。

COLUMN

顧客の享受価値を整理した「アリーナ」

　顧客は、企業やサービス、ブランドに対して、どのような享受価値を期待しているのだろうか？　インターブランドでは、顧客が期待する享受価値を、12の「アリーナ」に分解している。全てのブランドの活動が、顧客から見て、これらの12の「アリーナ」のいずれか、または複数をカバーしていると考えられる。このコラムでは、12の「アリーナ」の詳細と事例について紹介していく。

１．Connect

　人や情報とつながりたいという享受価値。"Connect"のアリーナは現代社会を動かす血液のような存在になっており、同時に、多くのブランドが入り乱れる競争の激しいアリーナとなっている。アップル、アルファベット、マイクロソフト、メタ、アマゾンなどの巨大企業がこのアリーナで大きな存在感を持っているが、それ以外のブランドにとっても、"Connect"の価値をいかに提供するかは大きな事業成功の鍵となっている。

　任天堂は2017年にニンテンドースイッチを発売して以来、2020年までの3年間に大きく売上を伸ばしているが、これは任天堂というブランドが、"Play"アリーナから、"Connect"のアリーナへその享受価値を広げたことが功を奏したとも見ることができる。実際にニンテンドースイッチの発売以降の同社のコマーシャルは、ゲームを通じて、人々がつながったり、家族の絆が深まったりすることに焦点が当てられていて、「ゲーム」という商品が人々にもたらす価値が変化していることを見ることができる。

２．Do

　何かを行うことについて、効率的にしたり、便利にしたり、簡単にしたりするという享受価値。クラウドサービスのようなプラットフォームサービス、業務効率化を進めるためのBtoB向けシステム、オペレーティングシステムのようなソフトウエアなどはこのアリーナにおいて強力な価値提供をしている。

81

一方で、"Do"のアリーナで強い存在感を放っている企業は、マイクロソフト、セールスフォース、アドビなど、大手プラットフォーマーが多く、ドミナント型のアリーナであるため、他のブランドにとっては差別化の難しい領域となっている。多くのブランドにおいては、"Do"はPoP（Point of Parity: 他社に引けを取らない価値を提供する）としての重要性が高く、ブランドとしての差別性は、他のアリーナといかに組み合わせるかが肝となるだろう。

3．Dwell

「よりよく暮らす」ということに関する享受価値。どのように暮らすか、どこで暮らすか、なぜそのように暮らすのか、についての価値観は人によって異なるが、人々は誰もが、その暮らし方についての願いや理想を持っている。なぜなら、暮らし方とはどのように自分がありたいか、という生き方そのものと深く結びついているからだ。

"Dwell"のアリーナに関わるのは住宅関連産業やインテリアブランドだけではない。テクノロジーブランドや、ヘルスケアブランド、食品ブランドなど、多くのブランドにとって、「暮らし」を抜きに顧客を考えることはできない。ある意味、世の中のほとんどのブランドにとって、"Dwell"は関わりの深いアリーナなのだ。

"Dwell"アリーナの代表ブランドと言えるイケアは10年にわたって、世界中の人々の「暮らし」を探求する取り組み"Life at Home"を続けている[1]。イケアはこの取り組みで、40カ国の25万人に及ぶ人々へアプローチし、彼らの暮らしを観察したり、リアルな声に耳を傾けたりしている（暮らしにおける習慣やスタイルは世界各地で異なり、それぞれの異なる文化と強く結びついている）。一方で、そこには世界共通の大きなトレンドや変化のきざしも同時に見つけることができる。グローバルに共通した家具やインテリア商品を展開するイケアにとって、世界の様々な地域の人々の暮らしの現実をありのままに知り、その多様性と、共通性を分析することは、欠くことのできない重要な取り組みなのである。

※1　https://lifeathome.ikea.com/

4．Express

　人々の「自己表現したい」という基本的欲求に関するアリーナ。このアリーナは近年複雑性を増している。かつて、このアリーナにおける最大の主たる欲求は、経済的な価値（Economic capital）を表現したい、というものだった。そのため、多くのラグジュアリーブランドがこのアリーナのプレイヤーだった。しかし、リーマンショックを経て、テクノロジーの進展により情報化社会が進み、知識と情報の持つ価値が上がるにつれて、このアリーナにおける情報的価値（Intellectual capital）の表現の重要性が増してきた。つまり、「多くの情報を持っていること、最新の知識を持っていること、最新技術やトレンドを知る知性を持っていること」を表現したいという欲求が高まってきたのだ。そして、今日の社会課題に対する人々の意識の高まりから、現在では倫理的価値（Ethical capital）を表現することに注目が集まっている。つまり、"Express"のアリーナにおいて、エシカル素材やフェアトレード、環境にやさしい取り組みなどの重要度が特に高まっているのである。

　時に、一見"Express"のアリーナではないように思われる商品・サービスにおいて、このアリーナが重要な役割を果たすことがある。例えば、ウエアラブル端末は、もともと他の端末との連携や、身体状況の計測といった機能面が重視され、数多くのメーカーが開発に取り組んでいた。その後Apple Watchがウエアラブル端末を一気に普及させることになるわけだが、その理由は、単にiPhoneと連携できるという機能面によるものだけではないことは容易に想像がつくだろう。Apple Watchはその機能性にふさわしいスマートで同時代的なルックスを持っていた。発売当初は、Apple Watchを着けているだけで先進的で時代を先駆けている自分を表現することができたのである。その存在は新たなラグジュアリー表現の地平を開いたと言ってもいいだろう。

　また、前述のように、「エシカル消費」が購買の意思決定要因として機能しやすいのもこの"Express"アリーナの特筆すべき点だろう。日本においては、欧米諸国と比較して社会課題への関心が低く、エシカルな商品・サービスに追加の費用を払う傾向も弱いと言われているが、人々は「エシカルな消費行動をすること」そのものよりも、「エシカルな消費行動をするような人であると周りから見られる」ことに対してのほうがコストを支払いやすいのだ。

5．Fund

　文字通り、投資をしたり、預金をしたりして、「よりよくお金を運用する」ことに関するアリーナ。日々の生活を送り、将来に備えてお金を準備することは、人々の毎日の中でも重要なことであり、誰もが避けては通れないことでもある。日本において、「投資」という言葉はあまり身近な概念と感じられておらず、何か難しくて危険なもののように考える風潮もあるが、人は誰もが、「持っているお金を維持し、増やしたい」「よりよいことに自分のお金を使いたい」という気持ちを持っているだろう。

　"Fund"アリーナを「金融業界」と誤って捉えてしまうと、多くの他業種にとって「関係の薄いもの」「参入の難しいもの」と考えられてしまうだろう。しかしながら、このアリーナを「よりよいものにお金を出し、自分のお金を自分が共感するモノやコトに使いたい」という人間の基本的な欲求と捉えれば、全てのブランドにとって必要不可欠なアリーナであることがわかるだろう。

　スコットランド・アイラ島の伝統的蒸留所「アードベッグ」は、長年操業を停止していたが、1997年に操業を再開した。ウイスキーは蒸留後、商品化まで長期の熟成を必要とする。アードベッグの現在の主力商品は10年熟成の「アードベッグTEN」であるが、これを発売して資金を回収しようとすると、最初の10年間は収入のないまま操業しなければならなくなる。そこで、アードベッグは2004年に6年熟成の「アードベッグ・ベリー・ヤング」、ついでその後、8年熟成の「アードベッグ・スティル・ヤング」、9年熟成の「アードベッグ・オールモスト・ゼア」をリリースし、主力商品発売までのキャッシュフローを支えた。アードベッグの再興を待ちわびるウイスキーファンたちは、この、とても若くて、まだ完成品とは言えないシリーズをこぞって購入することで、この蒸留所の経営を支えたのである。再興された「アードベッグTEN」を手に入れるために、蒸留所の経営を支えるための若いウイスキーを購入する、これも、1つの"Fund"アリーナの行動と見ることができる。

6．Go

　リアルに、またはデジタルに、新しい場所に行ってみたいという欲求に関する享受価値。訪れる目的地としてのリゾート施設やテーマパーク、ホテル

や航空会社などのホスピタリティサービス、美術館・博物館やイベント、伝統祭事、フェスやライブなど、幅広い領域やビジネスがこのアリーナに深く関わっている。

　コロナ禍は、"Go"のアリーナにとって厳しい時代だった。一方で、それは人々に、どこか新しい場所へ行くこと、それを通じて新しい体験をすることがいかに素晴らしいことかを強烈に思い起こさせるきっかけともなった。今や人々は"Go"の享受価値が、自分たちの人生にとってどれだけ大事なことで、豊かな体験をもたらしてくれるかを実感し、この欲求の充足を渇望しているように思われる。一方で、コロナ禍を経てのデジタル技術の進展と普及は、"Go"の持つ意味を本質的に変えつつある。"Go"のアリーナに含まれている、例えば買い物であったり、人との出会いとコミュニケーション、行き先でのエンタメ体験でさえも、デジタル技術を活用すれば、必ずしも物理的にその場に行かなくてもできるようになった。そんな今、"Go"に関わる企業は、「その場所に行くこと」のより本質的な意味を求められている。あるいは「物理的にその場に行くこと」にとどまらず、バーチャルに新たな体験の場を訪れたいと考える人々の期待に応えることが求められていると言えるだろう。

7. Learn

「学びたい」という気持ちは、多くの人が、根源的な欲求として持っているものだ。子供のころ勉強が嫌いだった人でも、例えばスポーツの正しいフォームを習ったり、好きなファッションブランドの歴史を知ったりすることに喜びを感じる人は多いだろう。「学ぶ」という言葉の持つストイックな響きゆえに見過ごされがちなこの享受価値は、実は様々な業界において意識する価値がある。典型的な"Learn"のアリーナのブランドとしては、例えばTED、ハーバード・ビジネス・レビューなどの、学びをテーマにしたサービスブランドが挙げられる。だが、このアリーナは教育業界だけのものでは決してない。例えばキッザニアは、「テーマパーク」というカテゴリーにおいて"Learn"を中心的な享受価値として成功した事例であるし、旅行業界でも"Learn"はコンテンツを考える上で非常に重要なアリーナとなっている。

8．Move

　物理的に人を「移動」させること。もしくは、人が「移動」したのと同じ効果をもたらすこと。もちろん、航空会社、自動車メーカー、鉄道事業者などはこのアリーナを中心に顧客に価値をもたらしている。ウーバーなどのライドシェアサービスや、前述のように、ズームなどのオンライン会議システムも、顧客が同じ価値を享受していると見ることができる。

　オンライン化の進展、デジタル空間の技術革新によって、物理的に移動することそのものの価値は小さくなり続けている。このアリーナを中心に価値提供しているブランドにとっては、「移動することによってこそ得られる何か」つまり、“Move”によって享受できる他のアリーナをいかに設計するかが生き残りに必要な視点となるだろう。

9．Play

　“Play”を「遊び」と訳すと、非常に狭義の、子ども向けのサービスや、ゲーム・エンタメ産業に限定されてしまう。しかしインターブランドでは“Play”とは「人々を毎日の生活の上での制約から解放し、人々に探検や、実験的な試み、新しい発見をする機会を与えること」と定義している。つまり、ほとんど全てのブランドが“Play”のアリーナで存在感を発揮する潜在的な可能性を持っているのだ。例えばコカ・コーラが日本で展開しているアプリ「Coke ON」は、自動販売機で同社の商品を購入するとスタンプが集められるアプリだが、アプリ内の「Coke ON ウォーク」機能では、歩数の目標を達成するとスタンプを得ることができる。これはまさにウォーキングという運動を、アプリと連動させることで“Play”の要素を持たせたものであり、それにより、アプリそのものの魅力の向上につながっている。

10．Provide

　何かを人々に提供すること、持ってくること。小売ブランド、運輸業界ブランドなどがこのアリーナの代表プレイヤーである。人々の身近なところで、きめ細かなサービスを提供することが求められるため、このアリーナは従来、一部の国際輸送等を除いて、グローバル企業による寡占度が小さいという特徴があった。しかしながら、eコマースの隆盛や、ウーバーなどのプラット

フォームサービスの出現により、その競争環境は大きく変わりつつある。前述のように"Move"のアリーナが縮小する傾向にある中で、人々が豊かで便利な生活を続けるためには物理的なモノが不可欠であることから、"Provide"のアリーナは今後ますます重要性を高めていくと考えられる。

　日本におけるウーバーイーツの成功は、「外食の味を、自宅まで手軽に届けてほしい」という、これまで満たされていなかった人々の願望に応えたことによるとみることができる。さらにウーバーイーツは、料理以外の日用雑貨の配達に乗り出しており、これも同社が自らを「外食を自宅にお届けするサービス」ではなく、"Provide"のアリーナでの価値提供ブランドと考えていることの証左だと言えるだろう。また、ウーバーイーツの成功は、単に「モノを届けるプラットフォーム」という機能面によるものではなく、印象的なロゴ入りの配達バッグ、配達員が私服でお届けするカジュアルなスタイル、配達員にとっての自由な働き方の提供というストーリー性など、ブランドの情緒面での効果的なアプローチによるところが大きい点も特筆すべきである。

11. Taste

　文字通り、「美味しいものを味わいたい」という欲求に関わるアリーナである。このように書くと、純粋に味覚として感じる美味しさに注目が集まりがちだが、「美味しさ」というものは、味覚としての「味」だけによって決まるわけではない、ということを、多くの人は知っているだろう。ビルの屋上のビアガーデンで飲むビールの味、久しぶりに実家に帰った時の懐かしい母の味。とても悲しい出来事に出合った時に、食べ物の味を感じない経験をした人も多いだろう。このように"Taste"とは多分に情緒的なアリーナであり、機能だけにとらわれてしまうことを特に気をつけなければならない。

　「食べる」ということは、人間の生命維持のための基本的な活動であるだけに、その行為は人間の複雑な心理に深く結びついている。また、古代より人類は、「食べる」という行為を通じて共同体の絆を確認したり、互いの関係性を形作ったりしてきた。その結果、人間にとって、「味」というものは、社会的、心理的要因が複雑に絡み合ったものとなっている。だから、「味」というものの機能面のみに着目して、「より美味しいもの」「より健康なもの」を追求することは、必ずしも成功を約束することにならない。例えば、日清食品

の「完全メシ」などはこの人間の複雑な心理を巧みに捉えていると言えるだろう。人にどんなものを食べたいかと聞けば、「健康的なものを食べたい」と言うだろうが、現実には人は、健康な食事と引き換えに食べ応えやクセになる味付け、手軽さを失いたいとは思っていないのだ。

12. Thrive

"Thrive"とは、単に生きることではなく、「よりよく生きること」である。それは、社会的・経済的成功を収めることから、心身ともに健康であることまで、幅広い概念である。コロナ禍の初期、人々は死から逃れることを考え、そのためにはどのような犠牲も払う気持ちになっていた。しかしそれから数年が経つうちに、人々はただ死なずに生きていればいいのではなく、様々な意味で、よりよい人生を生きることが重要だということを改めて認識するようになった。

ヘルスケア／ウェルネス分野の産業が隆盛であるにもかかわらず、"Thrive"のアリーナには、まだ多くの人々の未充足ニーズが存在している。このように"Thrive"は世界的にも未開拓のアリーナであるから、ヘルスケア分野に進出しようと考えるブランドは、単なる「製薬事業」「化粧品事業」というモノのカテゴリーに注目するにとどまらず、どのようにして人々がもっとよりよく生きることを支援できるのか、その可能性に着目する必要があるだろう。

図 コラム1-1 ｜ アリーナの各領域

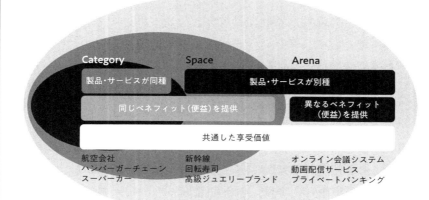

もし読者が、企業や団体の活動に携わっているのであれば、ご自身が関わっている活動が、顧客から見てどの「アリーナ」の享受価値を創出しているのか、考えてみることをお勧めしたい。

　自らが創出している享受価値を明確にすることにより、その享受価値を強化する新規事業や新サービスは、カテゴリーとしては新規分野であったとしても、既存のお客様のブランド体験を向上させ、強い支持を得られる可能性が高いと考えることができる。

　また、現在創出している享受価値に、1つまたは2つの新たな享受価値を付加することで、ブランド体験を進化させることができる。例えば、良品計画は、もともとは「ものの生産プロセスを徹底して合理化することで簡潔で気持ちのいい低価格商品を生み出すこと」を起点に始まっている[2]。しかし、それは次第に、生活の在り方、生き方という価値観の象徴となり、「感じよい暮らしと社会」の実現に貢献するブランドとして再定義された[3]。ここで、良品計画は「ノーブランドのコスパのいい品を提供するブランド」から、「感じよい暮らし」という暮らしの価値観を実現する"Dwell"のブランドに再定義されたと見ることができる。それによる、良品計画の躍進は説明するまでもない。良品計画の商品・サービスは、小物やインテリア雑貨にとどまらず、家づくりや、ホテルにまで広がっている。

※2　https://www.ryohin-keikaku.jp/about-muji/history/

※3　https://www.ryohin-keikaku.jp/corporate/philosophy/

COLUMN

ブランドの基礎確認

　あえてここで立ち止まって、ブランディングに関する言葉や概念の定義を確認しておきたい。ここまで読者に理解があることを前提として進めてきたが、いくつかの古典的な言葉と、それに対峙する概念を使いだしており、また言葉自体は混同されて使われることも多く、場合によってはその意味に注意が払われないこともあるので、確認していこう。

【ブランドとブランディング】

　これは、「念のため」の話であるが、ブランドは「あるもの」で、ブランディングは「ブランドを作るためにやること」である。ブランドは「結果」、ブランディングは「過程」と言ってもいい。あえてこのテーマを切り出したのは、「変革を求められ続けているのはブランディングであり、ブランドの本質には大きな変化はない」と捉えたほうがいいからである。例えば、「ブランドは企業と人を繋ぐインターフェイスである」や「ブランドは企業の資産である」「ブランドはシンボルである」などの本質は変わらない。変わるのは、その質（本質の対比としての"性質"という意味での"質"）であり、その質を形成するための活動（＝ブランディング）である。

【理解と共鳴】

　これはブランドに対して人々がどう関係していくか、という視点で考えてほしい。古典的には「消費者がどの程度ブランドを理解しているか」ということが重要な論点になっていた。特に企業ブランディングにおいてはここの重要性が強調されることが多く、例えば企業広告では説明文的なアプローチも散見される。しかし、理解の度合いが深まることと同様に、ブランドに共鳴できるか、ということの重要度が上がっている。

　ここであえて共感ではなく共鳴という言葉を使っている意図も説明したい。國分功一郎氏の『暇と退屈の倫理学』において「ある哲学の概念についてどんなに多くの知識をもっていようとも、その概念について問うことで心を揺さぶられたり、心が捉えられていたりといった経験がないならば、その概念を理解したことにはならない」とハイデッガーが引用されているように、響く、鳴る、ということが本質的な理解なのだ。

　インターブランドでも、ブランドの強さを図る指標であるブランド強度分析の一指標を「理解」から「愛着」へと再定義した。頭でわかるのでなく、全身で感じることが大切だ。

【訴求価値と約束とパーパス】

　ブランド戦略といえば、ブランド価値規定。「ブランド価値規定における肝は訴求価値の策定」と言っても過言でなかった時代は長い。しかし、ブラン

ドのコアにあるものが訴求価値であり続けていいのか、というのは別の問い
である。ここまでも見てきた通り、「例えばどんな享受価値を約束するのか」
という視点もある。読者はもうおわかりかもしれないが、訴求と約束は、概
念的には異なる。雑に言い切ってしまえば、訴求は押し売り、約束は協働で
ある。そして、パーパスは社会におけるリーダーシップを示す場合に価値が
高い概念である。ブランドのコアは訴求価値である、という固定観念からの
脱却と、ブランドのコアは何でありうるかの理解の更新が今求められている。

【独自性と差別性】

　ブランドとは差別性が全てであった。しかし、「それは機能しなくなってい
るのではないか」という論調をここまで展開してきた。では他と違うことは
重要ではなくなっているのか。否、それ自体の重要性は変わらない。ただ、
その向かう先が変わっているのだ。差別性という言葉には第一に他との比較
があり、これが限界を迎えているのだ。そうではなく、言葉の向かう先が「自
ら」であることが重要なのだ。だからこそ、いまブランドについて語られる
べきは独自性であるべきなのだ。無論、結果として独自性があれば必然とし
て差別性は生まれるし、逆もまた然りである。ただ、エネルギーの向かう先
が他との比較なのか、自らの在り方なのか、には概念的に大きな違いがある
ことも理解してほしい。これも前出の「理解」を「愛着」へとアップデート
したように、インターブランドにおいても「差別性」から「独自性」へとアッ
プデートした一例でもある。

【成長と競争】

　これは独自性と差別性との論点のコインの表裏である。目的を競争で勝つ
ことに置くのか、成長することにおくのか。後述する人間基軸の戦略を考え
る時に非常に重要になるテーマである。競争は一義的に他社に対して向かう
エネルギーであり、成長は自らに向かうエネルギーである。価値から意味へ
とブランドがシフトする中で、競争戦略に資する事業資産であるのではなく、
成長戦略に資する事業資産であることが求められている。補足すると、成長
を追い求めることは必要なのか、という根源的な問いがある。この問いに関
しては経済学者のティム・ジャクソンが掲げる「脱成長（degrowth）」やブラッ

クロックのCEOであるラリー・フィンクが語る持続可能な成長など、本質的な議論が行われているので、ここではブランドの視点から触れておきたい。ブランドがすなわちパーパスをなし、人々の享受価値に寄与するのであれば、その目的を達成するために必要な規模の実現は必然としての義務だと考えるべきだろう。これはマイケル・ポーターが提唱するCSVの考え方に近いと言える。月並みな表現になるが、成長は目的ではないが、ブランドを実現する道のりとしては（多くの場合において）必要なことだと言える。

【インターフェイス】

　ここまで、「ブランドとはインターフェイスである」という表現を何度か使ってきた。ブランドは企業と人々をつなぐ接点（＝インターフェイス）である、と。「ブランドとは何か」の定義を羅列したが、その中でもこの定義は特に重要なので、ここであえて説明したい。それは、ブランドがインターフェイスであるならば、それは企業と同一のものであり、また根源的に人間のことだからである。Brand is a strategy brought into life（ブランドとは戦略を現実化したものである）という表現を我々はよく使うが、ブランドとはすなわち企業なのである（注：企業を製品と置き換えてもよいが、製品においてブランドはより製品その物自体と同一化される傾向があるので、あえて企業として表現した）。またインターフェイスであれば、それは人間にとって意味があることが必要である。UI（ユーザーインターフェイス）といった瞬間に、その設計思想は人間中心にならざるを得ないのだ。

【ターゲットとパートナー】

　STP（Segmentation・Targeting・Positioning、セグメンテーション・ターゲティング・ポジショニング）は4Pと並んで、マーケターの大好物である。しかし、次世代のブランディングを考えると、次世代のブランドが人間中心であることを考えると、果たして"狩る"ことを前提とした考え方は正しいのだろうか、という疑念が湧き上がってくる。そこで重要になる概念がパートナーである。リーチしたい相手、訴求したい相手、行動変容を促したい相手がいることは、マーケティングでもブランディングでも同様である。しかし、「市場を創造する」ことが本質的な目的であるマーケティングとは違う、（レトリカルではあ

るが)「ブランドを創る」ことがブランディングなのであり、ここにおいては必要なのは協業者であるパートナーであろう。

　またこの概念の転換は非常に重要なアプリケーションを持っている。具体的に言うと我々はどうやってブランドと絆を築いてもらうといいのか。絆を築いてほしい相手と一緒に決めてやっていけばよいのである。例えばレゴは顧客をパートナーと捉えて、一緒にブランドを構築し続けている代表例だろう。その中でもレゴ®アイデアは「レゴ®アイデアのサイトに投稿されたファンのオリジナル作品が、サポート(投票)を集めてレゴの公式の製品として誕生したセット」である。逆にアップルはターゲティングの名手と言える。レゴとアップルを並べれば、どちらが優位でどちらが悪いということではないのは明確だろう。ただ、顧客との関係の築き方は大きく違うという事実をどう捉えるか、というだけである。

　ここで1つ思考の転換のきっかけとなりうる話を提供したい。インターブランドとしてブランドの力を6つ(最近は9つ)定義している。顧客には「選んでもらう・高く買ってもらう・買い続けてもらう(Choice, Premium, Loyalty)」、従業員には「志望してもらう・残ってもらう・やる気を出してもらう(Attract, Retain, Motivate)」の影響を与えられる、という考え方である。ここで、我々がPremiumの話をする時に、Brand can command premiumと言う。これを直訳すれば「ブランドはプレミアム価格を要求できる」となる。そう、ブランドは(傲慢にも)Commandできるという表現を使うことがある。これがブランドの"専門家"が考えるブランドの在り方なのではないか。そう、「顧客(やステークホルダー)を動かせる」という在り方だ。これではパートナーとは言えない。我々ブランドに関わる人間は、一度謙虚になるべきだろう。ブランドはCommandしてはならない。ブランドは共に作らなければならないのだ。

【顧客中心と顧客至上】

「顧客を軸にする」を伝えようとすると、「お客様は神様です」が湧き上がってくる。この概念はペンシルベニア大学ウォートン・スクールのピーター・フェーダー教授が掲げるCustomer Centricityという概念を日本に紹介しようとした時にぶち当たった壁であった。フェーダー教授の著書には「お客様を

神様と捉え支えること」という概念は一度も出てこない。実は非常にラディカルな考えであり、それは「いちばん儲かる顧客（LTV：Life Time Value＝顧客生涯価値）をコアに据えて事業を組み立てるべきである」という考え方なのだ。ブランディングにおいてLTV至上主義を掲げるか否かは読者の判断に任せるとしても、お客様は神様（＝顧客至上主義）ではない、顧客を軸にした考え方を示すことが重要になる。その言葉として、顧客中心という言葉で概念を説明している。顧客に媚びることなく、顧客を様々な意思決定の中心に据えて、そこから事業、ブランドを考えるという姿勢は、間違いなく重要になる。補足すると、最も顧客中心の企業と言われるのは、アマゾンである。「私たちは、地球上で最も顧客中心的な企業になりたいと考えています」とジェフ・ベゾスは謳っている。顧客中心であるためには様々な取り組みが考えられるが、例えば経営会議において顧客が座っていることを創造するために空席を用意している、という話は有名である。他にも、顧客の声を動画で撮影し、経営会議で共有することがあるともいう（グーグルでも同様の取り組みがある）。このような企業姿勢、経営姿勢こそが顧客中心の根底には必要である。顧客は数値ではないのだ。

【ブランドエクステンションと享受価値の領域設定】

　なお、デイヴィット・アーカー教授のブランドエクステンション理論とそこにおけるフィットの話や、ケビン・レーン・ケラーのカスタマーベースド・ブランドエクイティモデルでも、ブランドをどう使うかの理解は深まるが、ここでの話はその上位概念としてブランドの範囲をどう考えるべきなのか、という違いがあることをお伝えしておく。ブランドエクステンションは、あるブランドはどこまで拡張して使えるか、という問いである。例えば、「ソニーグループというブランドは医薬品の販売において機能するか？」という問いである。視点の軸はブランド機能である。それに対して享受価値の領域の設定とは、あるブランドはどこに居たいのかという意志の話であり、「またそれは顧客からの許可を得られるものか」という問いである。

第3章

ブランディング転換点3:
人基軸の事業の実現と
無形資産への
体系的アプローチ

イントロ

　そして最後の転換点として、事業の考え方について深めていく。結論を端的に言えば、「人基軸の事業を構築できるか」という問いである。ブランディングが本当に成功するためには、ブランドが事業戦略に組み込まれていることと、事業戦略がブランドを体現することが重要である。だから、序章では「経営の媒介としてのブランド」という定義から始めたのである。また、ブランディングが経営を媒介しない「ブランディングプロジェクト」である場合は、ほとんどの場合失速する。それが「ゼロ」になることは少ないが、認知度と好感度を目的とした宣伝広報活動と、社内への啓蒙を活動とした人事部の打ち手に縮小することが非常に多い。これを回避し、ブランドを企業の成長力の源泉とするには、事業戦略への織り込みが必要なのである。

　ここまで、ブランドが本質的にどう変容する必要があるのかを確認してきた。ここで実務者であり組織のリーダーである読者の皆様が突き当たる壁は、「それは会社としては、どうしたら実現できるのだろうか」という問いではないだろうか。古典的にブランドチームが3〜4人でブランドの管理やアドホック的なコミュニケーションを企画実行しているスコープの中で実現できるのであれば、just do itの世界だと思う。しかし、"ブランドは全社活動である"のであれば、そしてこれまで見てきた2つの変容を実現するならば、それは全社的変容を企業に要求するため、just do itでは実現できない。

　そもそも"ブランドは事業戦略というコインの裏側である"とは、何を指すのだろうか。それに対しては、これまで明確に語られてきていないと感じる。これは、ブランドが持つ質的な難しさに起因する。

　究極的には、しっかりと事業がなされれば、ブランド専業者は組織内で限定的な限られた人が担当すればいい。ブランドを指数関数的に高めた高度成長時代のソニーグループやホンダでは、ブランド専業者は少人数であった（と想像する）。もしくは、日本のスターバックスでは、ブランドは全社員で行うことであり、ブランド専業者は限定的であると言われている。

だから結果として、ブランドの担当者はブランドポリス（＝矮小化された表現をしてしまえば、ロゴが適切に使われているか警備して回る厄介者）になりがちだったのだ。これは私が「自然発生的ブランド」と呼ぶもので、世界が連続性の中で動いている分には、十分だったかもしれない。

　だが、世の中が変わり、明日は今日の延長ではなくなった時に、"なんとなく"ブランドができあがることを期待していてはならないのだ。

　そこで、まずは全社でブランドに取り組むということを読み解いていきたい。それは、CEOがオーナーであればいいのだろうか。それとも、全員がブランドを意識していればいいのだろうか。

　まずはこのテーマから向き合おう。

第3章｜ブランディング転換点3：人基軸の事業の実現と無形資産への体系的アプローチ｜　97

「全社で
ブランドに取り組む」
ということ

「全社でブランドに取り組む」を構造化すると、次の5つのレイヤーに分解できる。

① オーナーシップとして
② 戦略として
③ 組織として
④ 予算として
⑤ 実行として

　1つひとつ見ていくが、全てにおいて全社で取り組む場合と、業務機能として取り組む場合の違いは明確だ。その違いは、会社が全体最適としてブランドに取り組んでいるのか、それとも部分最適の寄せ集めがブランドっぽくなっているのか、である。別の言い方をすれば、「全体性に対しての意志の有無」とも言える。なおここでは、「意図的戦略」であることが必要で、「創発的戦略」である必要はない。「意図を持って全体を設計するか否か」ではなく、「全体に対して思いがあるか」が大切である（創発的戦略に関しては、後段で言及）。

① オーナーシップとして
　これは誰がブランドのオーナーなのか、という問いである。ブランドのオーナーは、「企業トップ」か「ブランド担当」、このどちらかに分解できる。

トヨタ自動車の豊田章男会長が、社長でありChief Brand Officerでもある時期があったように、ブランドを実現するために、全ての業務機能や企業資源を対象として、全体最適の中で意思決定をすることができる。

一方、ブランド担当者であれば、特に部門の責任者としてであれば、基本的には自分の管掌の中で完結するインセンティブが働きがちである。部門代表ではなくCEOのアジェンダの特定領域における代理人という意味としてC Suite（もしくはCxOと言われる役職）が機能しているのであれば、部門横断での目標達成が前提になるだろうが、なかなかそうはいかない。

②戦略として

全社としてブランドに取り組んでいる場合は、ブランディングが全社戦略の前提に組み込まれていることになる。この代表的な例がヤマハ発動機の感動サイクルだろう。後段第9章で詳細には触れるが、この事業が動く仕組みはヤマハ発動機の事業の全体像のダイナミックスを構造化したものであると同時に、この根底にヤマハ発動機らしさがあり、それが他の行動（＝顧客との絆と事業の成長）を動かしていると解釈できる。

逆にブランドが戦略から切り離されている場合は、次のようになる。例えば事業計画においてブランドの話は、一業務機能の話として隔離されており、全体惑の中でブランドの担当者として何をするかを規定している場合である。

③組織として

組織としての理想は、「ブランド部門がない」である。ブランド資産管理チームやブランドコミュニケーションチームがあることは仕方ないが、ブランドは全員の全業務機能の責任である、という状態が理想である。これが本書冒頭にて言及した、ユビキタスブランディングである。ユビキタスという言葉は、「どこにでも存在する」という意味であり、ユビキタスブランディングとは組織内でブランディングが常時どこにでも存在する（＝活動されている）状態を指している。

ユビキタスという言葉が死語なのであれば、2015年の世界経済フォーラムでグーグルの会長エリック・シュミットが語った「インターネットは消える

第3章｜ブランディング転換点3：人基軸の事業の実現と無形資産への体系的アプローチ｜　99

運命にある」になぞらえて、「ブランディングは消えることが望ましい」という表現でもいい。組織の全員が、「いかに顧客との関係を構築するのか」を前提条件として持っており、「全てのガジェットがネットにつながっているわたしたちの家の部屋」と同様に「全ての活動がブランディングを意識されている我々の会社」を想像してほしい。これこそが理想的な状態なのだ。

　しかし現実的に言えば、これは難しい。実際には、事業横断で部門に関与・干渉しやすい部門（経営企画や社長室など）がブランドを担当するのが、現実的な落とし所だろう。もしくは、会議体としてブランドを取り扱う、例えばブランドコミッティのような会議体を責任母体とする可能性もある。この逆の状態は、シンプルに「ブランドチームがある」である。ブランドを担当するチームが、広報や広告宣伝部の中で鎮座していると、なかなか他部門に働きかけるコストが高くなり、自分の領域内でできることに完結してしまいがちになる。

④ 予算として

　これも組織の話と同じ構造が当てはまる。本来であれば、ブランド特別予算が設定されておらず、全業務機能が持つ予算の中で、ブランド構築・ブランド実現に向けた活動がされることが理想的であり、それは全社的なアプローチになる。例えば、スターバックスでは、一般的な企業でよくあるような特別ブランド予算があるわけではなく、全ての業務機能が持つ予算でブランド実現を担っている。しかしこれは、社員の理解が極めて深く、意識が高い企業でない限りは難しい。それを考えると、次善策は経常的にブランド予算が設定されることである。これは "広告宣伝費" に限定されないことが前提ではあるが。ないよりマシなのは、特別ブランドプロジェクト予算の期間限定の設定（通常は3〜4年程度）である。1つ注意してほしいのは、次善策もないよりマシ策も、特定機能予算になりがちである点だ。「予算をどう位置付けるか」は、組織論との裏表になるが、十分注意したい。

⑤ 実行として

　このレイヤーで考えるべきは、実行段階の状況である。実行段階に落ちた後、大きく2つのパターンに分かれる。それは、全体感を担保できるような

100

場や仕組みがあるのか、それともサイロでことが進み、どこかで「ん？　何か不整合がある？」と思うのか、である。例えば全体感を担保する手法としては、ブランドコミッティやブランド会議などで、責任者などが定期的に活動や進捗をレビューする、という方法がありうる。

　全てのレイヤーにおいて全社的取り組みをどう担保するかは重要なのだが、企業のOSである「戦略」レイヤーにおいてしっかりと全社の取り組みとするために必要なことは何か、そしてそこにおいて人基軸の戦略を取ることは何なのかを読み解いていきたい。

事業戦略の
パラダイムシフトが
強いる
ブランド戦略の変革

　序章で言及した、競争優位構築の難しさに立ち返ってほしい。古典的な意味での競争戦略は、第一にそれが難しくなったこと、第二に企業に人が求めるものが単純な競争ではなくなった（＝意味や意義などのより高次な価値の提供を求めるようになった）ことに起因している。「競争優位の終焉」に関してはリタ・マグレイス教授の書籍に詳細が語られているが、競争優位の実現が難しくなっていることとブランドにつながる事業への意味合いは少し説明が必要だろう。競争優位が終焉することは、直接的にブランドも事業を増幅拡張して発信するという機能を果たすだけでは意味がなくなる、ということになる。だからこそ、競争戦略1本足打法だった経営戦略が転換を迎えるのであれば、ブランドは自らの位置を再度熟考することが必要なのである。

　ここで、いままでインターブランドが繰り返してきた、「ブランドは事業機能の一端であってはならない。事業戦略というコインの裏返しにあり、事業機能の源泉でなければならない」という言葉に魂が宿る。いや、一歩進めれば、これは「ブランドがなすべき世界を実現するための事業戦略の在り方を追求しなければならない」という捉え方まで踏み込める。あくまで1つの捉え方ではあるが、ブランドを最終結果として捉える、というところまで踏み込むのである。本書冒頭で、「ブランドは最終目的であってはならない」と喝破した。それはここでも変わらない。そこで注意してほしいのは、ここでは"結果"という言葉を使っており、"目的"ではない、ということだ。

　実はこの考え方を体現した企業がある。味の素である。味の素が2017年に

発表した「2017-2019（for 2020）中期経営計画『ASVを通じたサステナブルな成長の実現』」において、企業の統合価値としてブランド価値を設定したのである（図3‐1）。この時には、非財務指標としてのASV指標（CSVを味の素グループとして解釈したAjinomoto Group Creating Shared Valueという考え方に基づく、社会変革を図る指標。例えば、共食数などの野心的な目標が掲げられていた）や、財務指標がKPIとして掲げられていたが、それが統合された結果は、「ブランド価値である」という捉え方であった。これは、ニュアンスとしては、まさにブランドを最終結果とした事業の捉え方の先端事例と言ってもいいのではないか。

図3-1 │ 味の素グループ 2017-2019（for2020）中期経営計画

創造する社会価値・経済価値を統合目標として設定し、目指す価値創造を実現していく

「確かなグローバル・スペシャリティ・カンパニー」
ASVを通じてサステナブルに成長し、グローバルトップ10クラスとして、価値を創造し続ける

統合価値
コーポレートブランド
社会・経済価値の創造を通じてブランド価値を向上し、より大きな価値創造へ
FY20 ブランド価値目標1) = 1,500 USD mil.~

2020年度 統合目標

財務（経済価値）IFRS		非財務2)（社会価値） ⑤:社会 ⑥:環境 ⑥:ガバナンス	
事業利益額	1,370億円～	当社グループ調味料による肉・野菜の摂取量（日本・Five Stars）4) ⑤	肉：年860万トン、19%(9.7kg/人/年) 対FY15 +3%(+2.0kg) ／ 野菜：年550万トン、8%(6.2kg/人/年) 対FY15 +2%(+1.6kg)
事業利益率	10%	当社グループ製品による共食の場への貢献回数（日本・Five Stars）⑤	70回/世帯/年 対FY15 +20回
ROE	10%～	当社グループ製品を通じて創出される時間（日本）5) ⑤	3,800万時間/年（6時間/世帯/年） 対FY15 +700万時間
EPS成長率	年二桁成長	アミノ酸製品（アミサイエンス）を通じた快適な生活への貢献人数 ⑤	2,200万人 対FY15 +400万人
海外（コンシューマー食品）売上成長率（現地通貨ベース）	年二桁成長	調達・生産・消費を通じた環境課題の解決 ⑥	国際的な目標に先行した取り組みを通じて地球環境へ貢献 例:GHG6):FY30に50%削減7)
		働きがいを実感している従業員の割合 ⑥	80%

出所：味の素株式会社2017-2019（for2020）中期経営計画「ASVを通じたサステナブルな成長の実現」

単純な売上・利益計画としての事業戦略では不十分になってきている背景には、エシカル消費や責任ある消費という言葉でも表現されるようになっている、ひたすら消費を繰り返す社会であっていいのか、という問いの持つ意味が、重くなっているという大きな潮流を読むことが重要。だからブランドが目標になりうるのだ。これは、例えばジャン・ボードリヤールの「差異的消費」でも語られている内容であり、また國分功一郎氏の『暇と退屈の倫理

学』でもモデルチェンジの経済学として語られている文脈にも意味を見いだせる。総体、人格としてのイメージといった複合・統合的な目標を持つことが重要なのだ。

　経営が主軸に持ち続けてきた「競争して勝つ（勝ち続ける）」というシンプルな命題がその力を失った時に、果たしてどのような道が示されうるのだろうか。

人間を軸とした戦略

　マグレイス教授は、DIAMONDハーバード・ビジネス・レビューの記事で一時的優位の戦略における新たな戦法を8つ挙げている。その中でも「1. 業界ではなく競技場（市場）で考える」「3. 起業家精神の成長を促すような評価基準を採用する」「4. エクスペリエンスとソリューションに焦点を当てる」「5. 強固な関係性とネットワークを構築する」の4つに関しては、人の捉え方に端を発する戦法であると解釈できるのではないだろうか。もしくは「競争優位の源泉」には、対処法の1つとして「あなた個人への影響を考える」を挙げている。純粋な戦略専門家の視点から見ても、仕組みで勝負を決めようとしてきた経営戦略の時代の先には、人間をどう捉え、人間をどう活用するかに大きな比重が置かれているのである。これは大きな気づきと言えるのではないだろうか。また、ブランドが持つ「社会変革のリーダー」と「享受価値の実現」という2つの力から導き出されるのが、「人間を軸とした成長戦略」であることも大きな意味を持っている。『Zero to One　君はゼロから何を生み出せるか』（ピーター・ティール、ブレイク・マスターズ【著】、瀧本哲史【序文】、関美和【訳】、NHK出版）でもブランドは競争優位を実現するモノポリーに資するために必要な4つの力の中の1つであると定義されているが、そのブランドにとって重要になるのが人間を軸とした成長戦略で、「競合に勝つための戦略」との対比で理解してほしい。ブランドを基軸とする意味合いとして、事業を「差別化」から「人への寄与」へのシフトと捉えられる。このシフトの一面は、顧客中心主義である。この考え方の代表は、アマゾンだ。ジェフ・ベゾスが語る「私たちは競合他社に囚われていません。私

たちは顧客に囚われています。顧客のニーズから始めて、逆算して行動します」や、「競合他社を見ていてもイノベーションは生まれません。顧客を見ていれば、イノベーションの機会が見えてきます」には、それまで語られてきた「どう競争に勝つか、どう競合を出し抜くか」という戦略の前提が時代遅れであることが見て取れる。それが結果としての「もし過去6年間でインターネット空間において私たちが同業者よりも成功してきた理由が１つあるとすれば、それは顧客体験にレーザーのように集中したからです」という驚異的な実績のドライバーであることにも言及している。すなわち、競争から成長へ、である。顧客中心主義のアドボケイトであるピーター・フェダー教授は、組織全体での顧客中心主義の浸透が成否の分かれ目の１つであると述べている。「組織が顧客を中心に機能できるか」という問いは、人中心に組織を考えられるか、すなわち人中心に戦略を策定できるか、である。なお、フェダー教授の言う顧客中心主義にはさらに示唆深い部分がある。それは、「儲かる相手こそが顧客である」という明確な線引きだ。ここには我々が目を背けてきた人との側面がある。「事業×人＝利益」であれば、事業が向き合う相手、つまりパートナーから儲けなければならない、という絶対的事実である。そして、経営において効率性は重要である。人を起算としてブランドを設計し、ブランドを起算として事業を描き、事業は効率的に利益を生み出さなければならないのであれば、効率的に儲けさせてくれる人を起算として事業を組み立てなければならないのである。顧客至上主義において「お客様は神様」であったことで、全ての人に同じようにご満足いただかないとならない、という固定観念に縛られてきているのではないだろうか。そうではなく、「ブランドは儲けさせてくれる相手を中心に事業を構築しなければならない」とフェダー教授は喝破する。同氏の著作の冒頭で紹介されている米国高級百貨店であるニーマン・マーカスの美談である「自社では販売してない自動車タイヤの返品にも対応した」は、美談ではなく愚談なのである。儲けにつながらない顧客サービスはしてはならないのだ。同氏の考え方に関してこれ以上は深掘りしないが、「人間中心に戦略を策定する」という意味合いにおける重要な論点であることは改めて強調しておく。さらに、従業員を軸にするという考え方に関しては、人的資本経営が大きな話題になっている2024年時点では、紙面を多く割く必要もないだろう。

成長戦略の鍵としての
体験設計

　では「人を軸に経営を考える」をブランドの観点から言うと、具体的には何を意味するのか。

「人を軸に経営を考える」というのは、「実行した時に体験にこそ戦略が宿る」という読み替えができるのではないだろうか。マグレイス教授も「エクスペリエンスにフォーカスする」ことの大切さを語っている。またフェダー教授も体験の重要性を繰り返し語っている。「人を軸にする」ということは、徹底した体験戦略である。そして、競争戦略に軸足を置けなくなった時にこそ成長戦略にフォーカスをシフトすることの価値が見えてくる。

「人を基軸にする」という表現は様々な解釈がありうる。わかりやすく、ある意味時流に乗っているのは（少し旬が去った感もあるが）行動経済学の応用である。リチャード・セイラーとキャス・サンスティーンによる『NUDGE（ナッジ）実践 行動経済学 完全版』（遠藤真美【訳】、日経ＢＰ）や、ダニエル・カーネマンの『ファスト＆スロー』（村井章子【訳】、早川書房）はその中でも金字塔となっている書籍であり、多くの読者が読んできたことだろう。行動経済学の理論を経営意思決定や経営手法に組み込み、より"よい"方向に人々を導く戦略を構築し、多くの場合はその梃子を引く。

　だがブランドの観点で言うと、「これを経営ツールとして使う」「特定の行動変容の促しとする」というところで止まってはならないと気がつく。というのも、ブランドはリアルであることが（結局は）全てだからである。別の言い方をすれば、「特定の行動変容ではなく、体験全体を通じての絆の構築こそが成長戦略である」という捉え方である。

第3章｜ブランディング転換点3：人基軸の事業の実現と無形資産への体系的アプローチ｜　107

ここで重要になるキーワードを2つ紹介しよう。1つは「顧客体験からブランド体験への転換」。もう1つは「Good Friction/Bad Friction（いい摩擦／悪い摩擦）の導入」である。

顧客体験からブランド体験への転換

まず「ブランド体験」というキーワードを示したい。体験を構造化すると、次の3つで表現できる。

① 衛生要因（Hygiene Factor）
② 価値体験
③ らしさ体験

「衛生要因」とは、なければならない要因である。例えば「支払いができる」「商品が探せる」「質問ができる」「トイレがある」とかである。

これは大前提として、重要なのは「価値体験」と「らしさ体験」の差分である。価値体験とは、体験から十分な価値を感じることである。「顧客体験からブランド体験へ」と表現した時に、「顧客体験≒価値体験」を指している。顧客体験と言った時に、みなさんは何を想起するだろうか。大きく分けると「ストレスがないこと」と「喜びがあること」に分けられる。まず多くの場合、ストレスフリーである体験の提供に重きが置かれる。例えば、「待たないでいい」や「探さなくていい」などである。次に喜びに関して言えば、例えば「割引がある」や「設備がすごくきれい」などである。これらは非常に重要な顧客体験設計時の視点である。しかし同時に、このアプローチは「均一化していく」という根源的な課題を内包している。つまり、誰が作っても、似たような体験に帰着しがちという課題である。これでは当然ながら、人間中心に絆を作るには資さない。

では、自分事として考えた場合、どんな時に相手に魅力を感じるだろうか。いわゆる「なんかいい人」というコメントが「ほめ言葉ではない」という認識が象徴しているのは、「いい」だけでは魅力にならない、ということだ。個性やオリジナリティに魅力を感じることは感覚的、経験的に納得でき

るだろう。さらに、クリシェではあるが、"ちょいワル"が（形を変えながら）流行り続けているのは示唆深い。これは、通常の「いい人」より「ワル」に魅力を感じることを示した、デヴィッド・M・バス著の『有害な男性のふるまい－進化で読み解くハラスメントの起源』（加藤智子【訳】、草思社）において説明されている、ダーク・トライアドの特徴を持つ男性がそうでない男性と比べて女性にとって魅力的であるという実験結果も1つの示唆になるのではないか。何が言いたいかというと、価値体験を追求しても、直感的にも学術的にも十分な絆の形成は難しい、ということだ。

そこで重要となるのが、「らしさ体験」である。ここでは例えば、「ストレスフリーか」「喜んでもらえるか」という一般的価値観とは別の尺度で、そのブランドらしいのか否かにフォーカスが置かれる。

例えば、ディスカウントストアであるドン・キホーテの事例を考えるとヒントになる。圧縮陳列やジャングル陳列と呼ばれる手法は、古典的なリテーラーからすると、「探しやすい」「選びやすい」「快適である」といった価値体験が欠落していると評価しうる。しかし、ある種の「不快」にこそ「彷徨う楽しさ」や「偶然の喜び」が隠されており、そこに魅力が生じる。別の事例としては、丸亀製麺における「おせっかい」というサービス指針もあると言える。ファストフードというカテゴリーの考え方であれば、おせっかいはどちらかといえば不要であろう。いや、体験的には「おせっかい」を受けることは、「ファスト」と相反する感覚すらある。その0.5秒のやり取りは「不要」なのだ。しかし、感動体験を体験指針としている丸亀製麺としては、たとえ業態がファストフードであっても、おせっかいを提供することを大切にしている。これは、「うまい」「はやい」「やすい」にこそ価値体験を置いてきたファストフード業界においては、1つの革新と言える。

なお、これらの体験の構造化には他の考え方もあることをご紹介しておきたい。例えば、品質管理の専門家である狩野紀昭博士が開発した、狩野モデルにおいては、顧客満足度に影響する品質を、「魅力的品質」「一元的品質」「当たり前品質」「無関心品質」「逆品質」の5品質と定義している。

ここで、Good Friction/Bad Friction（いい摩擦／悪い摩擦）の話に移ろう。

ドン・キホーテの事例で「『不快』にこそ…」という表現をし、丸亀製麺の事例で「『不要』なのだ」と表現した。また、価値体験の説明において「ストレスフリー」というキーワードを出した。多少重複するが、体験を考える時に、顧客至上主義を考えると「粗相のないように」「怒らせることがないように」が全面に出てしまい、個性が出しにくくなる。逆に顧客中心主義を考えれば、顧客にとっていい（と我々が確信する）体験を提供することで、最もパートナーになってほしい相手に絆を感じてもらうことが重要になる。これは顧客体験とブランド体験（もしくはらしさ体験）の差分の説明と捉えてもらっていい。

　だからこそ、もし摩擦が「いい摩擦」なのであればストレス自体が必ずしも全て悪いわけではない、ということには意識を持ってほしい。顧客体験からブランド体験への移行、そしてGood Frictionの導入によるらしさの実現、これらの必要要件に加えて、「体験においても鍵となる享受価値を体験する設計ができるか」の重要性も当然忘れてはならない。オムニチャネル、包括的顧客享受価値体験、顧客生涯価値（LTV：Life Time Value）である事業に組み込むことが重要になる。

　ここではブランドの事業への落とし込みにおける重要性の視点から、３つのテーマの統合的意味合いに言及したい。事業に落とし込む時に重要になるのは、事業の時間軸と事業の言葉に体験をすり合わせていくことである。この時に顧客生涯価値の概念は、重要な橋渡しの役割を担える。

　それをオムニチャネルとして理解することで、採算性に関する硬直的な縛りから抜け出す。そして包括的顧客享受価値体験を考えることで、事業の広がりを事業企画・経営企画の視点で捉えることができる。そうすることで、ブランドを戦略としてつなぎ込み、体験を提供することをもって戦略の実現という絵を描く際に、"コストセンターが会社のお金を使ってやる余暇の話"にさせないことが可能になる。

　同時に、これらの３要素を実現することで、ブランド体験が享受価値を受けるという経験に昇華され、顧客との確固たる絆の構築につながっていく。

　これは、つまり「よりよい」より「正しい体験の提供」に価値が集約される姿と言える。では、具体的に体験を事業と統合する姿を描いていこう。

ブランドと事業の統合

これまでの内容からブランドを事業に落とし込むことにおいて、体験を事業戦略として構築していく意味が見えてきたのではないか。あとは、これを事業に落とし込むことである。その1つの手法として、Human Strategyフレームワークをご紹介したい（図3-2）。

図3-2 | Human Strategyフレームワーク

これは「ブランドの側面から、競争戦略を前提とした戦略論をどうアップデートするか」というアプローチである。戦略という時は競争戦略を指すことがほとんどである。フォーカスは「いかに競争に勝つか」であり「いかに（多くの場合は数値目標である）事業目標を実現するか」になる。これがパーパスの重要性が語られだした時、策定したきれいなパーパスを戦略に安易に反

映させるために事業目標をパーパスに置き換えるだけで対応しようとする理由であり、パーパス経営が失敗する１つの理由でもある。また失敗のもう１つの理由は、そこに人間を捉えていないからである。パーパスを経営として実現するためには、パーパスを体験として人々に届けなければならない。では、どうやって古典的な競争戦略をアップデートするのか。この肝は２つだ。１つはパーパス経営とのブリッジをかけること、もう１つは人間性を明確に組み込むことである。2022年に実施したパーパス経営調査においては、パーパス経営が本当に実現できているかに関しての留保がつけられた。例えば、多くの経営者はパーパスが機能していると考えているが、従業員はそうは思っていない。事業でパーパスが実現できていると従業員が考えていると思っている経営者は86.4％であったが、従業員では52.0％であった。また、経営者の65％以上が「従業員はパーパスにワクワクしている」と捉えているが、従業員は50％を下回る結果となった。（図3－3）。

図3-3 │ NIKKEI-Interbrand パーパスについての経営調査

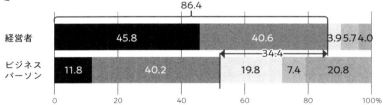

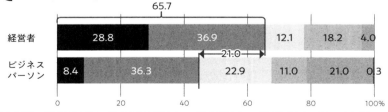

ビジネスパーソンには、「あなたは、あなたの会社の「パーパス」もしくはそれに相当する企業としての哲学を、「事業を通じて実践できている」と考えていますか」と質問
出所：パーパス経営調査2022（日本経済新聞社、インターブランド共同実施）
経営層：JPXプライム市場上場会社の経営層216名
ビジネスパーソン：JPXプライム市場上場会社の正社員435名

これは非常にもったいない状況であると言わざるを得ない。せっかく競争戦略でないパラダイムの１つであるパーパス経営が（少なくとも外見的には）日本の経営に浸透している中で、なぜ浸透自体は感じられていないのだろうか。その問いに対する仮説が３つある。１つは、事業計画がパーパス実現から直接的に演繹されていないこと。もう１つは、結果としての事業が古典的な競争戦略から抜け出せていないこと。最後の１つは、その変革が人々の体験として理解されていないこと。

　これらに対する解の仮説が、「人基軸の戦略（Human Strategy）」である。競争を体験に置き換えることで、連鎖の断絶が必然的にひっくり返るダイナミックスが見えてくる。

　この構造を前提とした時にブランド戦略が兼ね備えなければならない質は、「本質的な人間理解に立脚した市場の再定義（＝享受価値でのニーズ・市場規模や成長性・競合等の理解）」「社会だけでなく人に関わるパーパスの高精細化」「創発的な戦略を実現しうる自己を律するプリンシプル」に集約されると考えている（図３－４）。これはHuman Strategyを事業において実現した時に、ブランディングの戦略を策定する時の基盤（＝ブランド戦略前提）と言える。この３つがしっかりと整ったところで、実践編で取り上げる様々なブランディングの戦略や戦術、施策が戦略性を持つようになる。

図3-4 ｜ ブランド実現のための人間理解の3つの視点

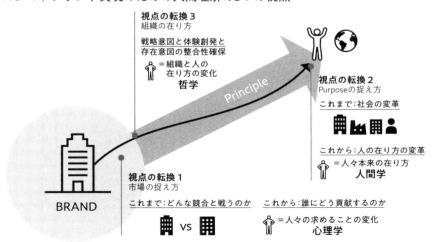

ブランド価値経営
という帰結

　これまでを踏まえると、「なぜ経営のアプローチとしてブランド価値経営という選択肢が浮かび上がってくるか」が必然として理解できるのではないだろうか。

　ブランド価値の測定や、その経営への具体的な活用は後段に譲るが、ブランドを測定することが、すなわち人基軸の戦略に向き合う方法である。それはブランドが本質的に人間を経営として取り扱い、体験に重きを置くこと（第3章）であり、ここにおける人間とは享受価値の視点で理解する必要があり（第2章）、それは社会との関わりにおけるリーダーシップを示すことである（第1章）、と言えるのがわかるのではないか。

　これこそが、ブランドとは何かの定義である。

　そうであれば、企業はブランド価値を経営の軸に置くべきであり、それはすなわちブランド価値経営と言える。

実践編に向けて

　ブランディングを次のステージに高めるために必要な考え方の転換を「思想編」として紹介してきた。いちばん理解してほしいのは、これまでと同じようにブランディングを考えていてはならない、という事実認識である。ほとんどの場合、この思想の転換ができないことで、意味のないブランディングにお金と労力をつぎ込んでいることが多い。だから、「あ、これまでとは違うことをやらなければならないのだ」という気づきは、それだけで大きな意味がある。同時に、「じゃあ実際には、明日から、私と私の部下は、何をすればいいのか？」という問いには十分に答えていないことも認識している。あえてしなかった。なぜなら、本質的には何が貴社にとっての解なのかは、あなたが創るべきだからである。

　ピーター・ドラッカーは「重要なことは、正しい答えを見つけることではない。正しい問いを探すことである」と言っている。しかし、願いは願いとして、流石に不親切なので、前言撤回して、ここから「実践編」に移っていこうと思う。ここで２つお伝えしておきたい。まず、これまでとここからで、かなりテイストが変わる点である。これは、思想編の目的はこれまでの固定観念から抜け出してもらうことであったが、実践編の目的は手引書を提供することであるからである。クルト・レヴィンは変革には３つのステップ「解凍」「変革」「再凍結」が必要であると述べているが、思想編では解凍、実践編では変革の実現を目指している。ここまでは、あなたを揺さぶってきた。ここまで辿り着いてくれて、ありがとう。ここからは寄り添っていく。思う存分、学んでほしい。

第3章｜ブランディング転換点3：人基軸の事業の実現と無形資産への体系的アプローチ｜　115

実践編

第 4 章

ブランドリーダー
シップキャンバス

イントロ

　本章では、思想編で説明してきた「これからのブランディング」を実践していくためにはどうしたらよいのか、その在り方を紹介する。

　これまでのブランディングの定義は、「顧客ターゲットを見定め、仕留めるもの」だった。そして現在は、「顧客だけでなく、社員、投資家、一般生活者などの幅広いステークホルダーとの持続的な対話を通じた関係づくりをするもの」へと変化している。そんな中で肝となるのが、一過性の終わりある活動ではなく、対話を重ねながらの期待と体験の終わりなき好循環を生み出す活動である。

　この実践編で紹介するアプローチは前著『ブランディング　7つの原則』（日本経済新聞出版）で紹介したものとは全く異なっている。「7つの原則」は静的で、1つひとつ、順序を追って確実に進めていくものである。一方、本章で紹介する最新のアプローチ「ブランドリーダーシップキャンバス」は、刻々と変化する「環境変化」に対応する同時的で動的なアプローチである。

　なお、前著で紹介したその手法は未だ十分に活用可能なものであり、ブランディングに関わる多様な課題を解決する策をカバーしているため、併せて参照いただくことをお勧めする。

ブランドリーダーシップ
キャンバスとは？

「ブランドリーダーシップキャンバス」とは、人基軸の戦略構築とその実現のためのパーパスを起点にバックキャストして顧客体験を創造しながら、パーパスを実現まで導いていくフレームワークだ。そしてインターブランドは、ブランドリーダーシップキャンバスを基本的なブランディングアプローチとして活用している。その意図は、ブランディングを構想するだけのものではなく、ブランド体験として体現され、パーパスに向かって事業そのものが大胆に変化と進化をとげていくことである。

　従来のブランディングは、「理解・分析→定義→社内外浸透」というプロセスが定められ、それを順番に行っていくことが強調されていた。それはステップ論としてはわかりやすく、現在も広く受け入れられている。その一方で、このアプローチは、以下のような3つの構造的な課題を抱えている。

① ブランディングを進めていくプロセスを構造化したものであるがゆえに、目的地との距離が見えづらく、プロセスの最後の社内外浸透まで辿り着くと、ホッとした気持ちになり、（本来はここからが本番なのだが）定義プロセスで最高潮に達した経営層の関心は薄れ、現場任せとなり、活動として数年しぼんでいく、という事象が多く起こる。
② ブランディングのステップに特化するがゆえに事業戦略の関係性が見えづらく、ブランド価値を中心としたブランド価値経営という意味では、経営層や実務者が事業とブランドの両戦略を正しく理解し、その関係を

第4章｜ブランドリーダーシップキャンバス｜　119

維持しながら実行するというなかなか難度が高いことが求められる。
③ 昨今の環境変化のスピードに対応する可変性を意図的に組み込んでおらず、いったん決めたことを守り一貫性を持って実現していくことに力点が置かれている。そのため、必死にブランディングを行っているにもかかわらず、顧客ニーズや環境変化から乖離した「痛い」ブランドになる可能性がしばしば出てきてしまう。

このような構造的な課題を抱える静的なステップ論アプローチ（何度も記述するが他の視点では十分に機能するものである）を、目的地に向けた動的なロードマップとして整理したのがブランドリーダーシップキャンバスである。

このアプローチの開発はインターブランドの50年の経験と反省に端を発している。魅力あるブランドコンセプトを開発し、それに基づいてブランド体験を設計、社内外に発信、活動すれば強いブランドが作れると信じて進めてきた。

しかし、世界中のオフィスから「近年それでは期待した成果が得られないケースがより増えている」というフィードバックがあり、それに基づいて、現在のブランディングと経営を取り巻く環境の変化を分析した。

その結果、「自身のマインドセットとアプローチに課題がある」と結論付け、Interbrand Thinking という新たな我々の哲学とアプローチの開発へとつながった。その中で実践アプローチの中心となるのがこのキャンバスである。このアプローチは、図4−1のように「From（どこから）To（どこへ）By（どうやって）」という3つのシンプルな問いに集約される。

図4-1 ｜ Interbrand Thinkingのシンプルな問い

このシンプルな問いを常に中心に据えてブランディングをすれば、様々な要素が絡み合うブランディングにおいてでも、目的や自己を見失うことなく進めることができる。

当然、このアプローチでも分析や定義はしていくが、目標に辿り着くためには、「何をすべきか」「今どこまで進んでいるのか」「今後さらにすべきことは何なのか」という論点が常に立つ。

そのため「定義して終わり」では、「何もしないのと同じ」ということが明示され、どう実現していくかに力点が置かれ、組織としての推進力が生まれる。

また、全ての問いに答えるには事業戦略との連動が欠かせず、このロードマップには事業戦略やその施策が組み込まれていくことになり、ブランド価値経営の実現性が担保されるようになる。

さらに常に目標に向けての距離感と各施策の有効性をウォッチしていくことになり、目的地への辿り着く道筋や活動は可変として修正することができるのである。

ブランドリーダーシップキャンバスの構成要素

そのアプローチは図4－2の通り、「ロードマップ」「エキスペリエンス」「行動定義」の3つのグループで構成されている。そして各要素はさらにいくつかの要素で成り立っている。

ロードマップはこのアプローチの中心であり、現在地理解から目的となる方向性と具体的な目標地点を決め、そこに辿り着く筋道と具体的な戦略アクションを策定し、進捗を可視化する。

エキスペリエンスは、その全ての活動を通じて体現されるブランド体験と表現の在り方を定め、かつ価値を蓄積させるための器となるブランド表現資産を決めていく。それにより全ての戦略アクションにおいて、差別性と一貫性あるブランド体験を実現する。

さらに、行動定義ではブランド体現の中心にある人の態度や倫理について定め、そのブランドらしいリーダーシップが持続的に提供できるような組織カルチャーを作っていく。各詳細は以降の章でその意味合い、役割、検討の

アプローチの一部を紹介していく。

なお、これらはブランディングの構成要素の説明であり、ステップ論ではないことに十分な注意が必要である。

実際の推進においては、初期仮説として全ての要素を設定して、実際の活動を行いながら精度を高め、時には柔軟に変更していく。

図4-2 | ブランドリーダーシップキャンバス全体像

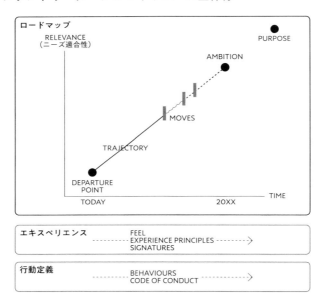

本アプローチの特徴 1
常に軌道修正できる可変の余地を備えている

常に変化し、先行きが不透明な市場において、顧客の期待は常に企業の先を行くため、静的な方法で定義されたブランドのポジショニングは、顧客体験に違いをもたらす前に陳腐化し、関連性を失う運命にある。リーダーシップキャンバスは固定のものではなく、可変の余地を備えている。

大きな目指す方向としてのパーパスは時間軸を持たないものであるが、それ以外は常にバックキャストして目的地とそこまでの軌道修正をしながら進めていくことで、顧客の期待を超えるブランド体験の実現を目指す。

本アプローチの特徴2
複雑系としての人の理解を全ての局面で重視する

第2・3章で説明した通り、これからのブランディングでは、「複雑系としての人」への理解を中心に置くことが中心となる。そして、ブランディングをマルチステークホルダーとの対話による関係構築と捉えるならば、人の理解は欠かせない。

インターブランドでは、それを促進するために「Human Truths（ヒューマントゥルース）」という概念を据えている。それはいわゆるマーケティングで定義される「Insight（インサイト）」より広い考えとして、市場特性やコンテクストに左右されにくい人の理解として捉えている。グローバルで社内に専任のエキスパートを備え、外部機関とともに常に研究し、実証実験を繰り返しながら、力を高めている。リーダーシップキャンバスの全ての要素検討において、このHuman Truths視点が織り込まれ、人の理解を中心においたアプローチの実現を試みている。

次項からは、Human Truthsを説明するとともに、各要素を説明する。各章ではHuman Truthsからの観点での論点やそれを検証してくアプローチやツールを一部紹介していく。

Human Truthsとは？

▷ Human Truthsとは、 人間の「解決されていない葛藤 (tension)」

　ここまで、現代におけるブランディングは、「複雑系としての人間理解と体験の実現でなければならない」と述べてきた。この、ブランディングにおいて捉えるべき、この複雑で矛盾に満ちた人間の心理を、インターブランドでは「Human Truths」と呼んでいる。それは "Exposing unsolved human tensions" と定義付けられている。

　つまり、「人々の解決されていない葛藤を見つけ出すこと」である。

　ここで最も重要な点は、ブランディングにおいて捉えるべきHuman Truthsとは、特に人々の「葛藤 (tension)」であるということだ。人間は複雑な生き物だ。人間が常に理性的で論理的な判断に基づいた行動を取らず、しばしば矛盾したことを言ったり、行ったりすることを、わたしたちは誰しもが知っているだろう。ビジネスの世界においては、論理的であることこそが正義であると考えられることが多い。しかしその一方で、ビジネスを通じて私たちが向き合っている顧客（BtoBであれ、BtoCであれ、目の前にいる生身の人間としての「顧客」）は、しばしば極めて非論理的で、心の中に矛盾と葛藤を抱えている。

　その葛藤を解きほぐし、その緊張した心の糸を緩めて解放することに、ブランドが果たすべき役割がある、と考えているのである。

　例えば、グローバルに有名な洗濯用洗剤のブランドであるPersil（地域に

よっては"OMO"のブランド名で展開）は、"Dirt is Good "という印象的なブランディングキャンペーンで、大成功を収めた。2000年代半ばにローンチされたこのキャンペーン*は、小さな子どもを持つ多くの親たちが心の底で抱えていたある葛藤を発見することから始まっていたと考えることができる。つまり、親たちは「子どもが泥んこになって外遊びをすること」をとても大切で豊かな体験だと知っていた。しかし同時に、服を泥だらけにして帰宅した子どもを見て、洗濯のわずらわしさを思い、うんざりした気持ちになる自分を否定することはできない。その自分の正直な気持ちに親たちは心の底でかすかな罪悪感を抱いている。

　これが、ブランドとして向き合うべき「解決されていない葛藤（Unsolved human tentions）」で、Persilはそこに光を当てたのだ。

※ https://www.theguardian.com/media/2008/jul/28/advertising

▷ 言語化されない葛藤を「洞察する」

　Human Truthsの定義に"Exposing（さらけ出す、白日のもとにさらす）"という表現が使われているように、ブランドの出発点となる重要な葛藤（tensions）は、しばしば言語化されておらず、それどころか、当の顧客たちも認識していない無意識化にあることに気をつける必要がある。

　だからわたしたちは、顧客の言語化された「声」に耳を傾けるだけでは道半ば（むしろそれは出発点にすぎない）であって、その「声」の背後にある内なる葛藤を洞察しなければならないのだ。このことは、「顧客インサイト」という概念として、マーケティングの世界でしばしば語られてきたことである。しかしながら、その重要性を改めて強調しておきたい。

　私たちは時に、あまりにも安易に「顧客インサイト」という言葉を使っているが、これは「マーケターやブランディングに関わる者が探索するインサイト（＝洞察）」であり、「明示的に提示される事実（fact）ではない」ということに、極めて意識的になる必要がある。「明示的に提示される事実ではない」ということは、「客観的に100％検証することができない」ということでもある。

　だからブランディングに向き合い、顧客に向き合うわたしたちは、

Human Truthsが「いかに客観的に正しいか」を突き詰める以前に、「顧客の言動の背後にどんな葛藤がありうるのか」の可能性の幅を最大限に広げることに注力すべきである。

「顧客インサイト」はしばしば、「氷山の図」によって説明される（図4-3）。「インサイト」は氷山の海面下に隠れた部分のような無意識下にある動機である、という説明である。この説明自体は目新しいものではないし、また、至極もっともなことである。わたしたちはしばしば、この「目に見えないはずの海面下の氷」をこの目で見ようとしてしまう。

つまり、「インサイト」が正しいことを検証したり、顧客自身に確認しようとしたりしてしまうのだ。「インサイト」とは、その名の通り「洞察」なのであるから、検証や確認ができるものではなく、ただ洞察するのみである。この当たり前のようで見失いがちな事実を忘れないようにしたい。

図4-3 | 顧客インサイトのイメージ

では、「検証することも確かめることもできない洞察」をいかにしてブランディングに生かしていくのか。それについては、後の章で順番に触れていきたいが、ここでは、「人は目で見たり、五感で感じたりできることについてしか、好ましく感じたり、共感したりすることはできない」ということを改めて確認しておきたい。私たちが顧客に検証したり、受容性を探ったりす

べきものは、「インサイト」そのものではなく、そこから導かれるブランディングの仮説であり、プロトタイプなのだ。

InsightとHuman Truths

　ここまで説明すると、「そもそもインサイトとHuman Truthsはどう違うのか」という疑問が湧き上がってきそうである。簡単に言ってしまえば、インサイトとは一般的なマーケティング用語であり、特定のターゲット顧客について、そのセグメントの人々が抱いている隠された動機のことを指す。

　Human Truthsは、インターブランドがブランディングプロセスにおいて欠くことができないと考えている「人々の隠された葛藤」である。この２つの定義は本質的に様々な違いを含んでいるが、大きく異なる点は、「顧客インサイト」は、特定のセグメントの顧客の動機を「尖らせる」ことに重きを置くことが多いのに対し、Human Truthsは、人間のより根源的で、ユニバーサルな「葛藤」に着目する点である（図4-4）。

　年齢や性別、ライフスタイルやソーシャルクラスなどの壁を越えて、「人として共感できる葛藤」がHuman Truthsであり、企業が１人ひとり異なって多様化する顧客に対して、幅広いサービス領域を提供するにあたっての、ブランディングの出発点となるべきものである。

図4-4 ｜ Human Truthsのイメージ

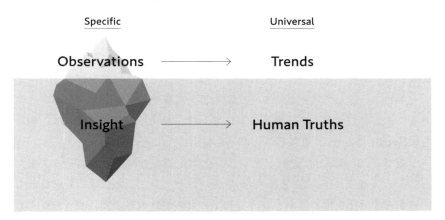

▷Human Truthsはブランドの可能性を広げ、 「らしさ」を決定付ける

　Human Truthsの可能性の幅は、そのまま、ブランディングの可能性の幅を規定すると言ってよい。さらに言えば、Human Truthsとは、「唯一の正しい答え」ではなく、人間1人ひとりにおいて、もしくは1人の人間の中にも、異なるHuman Truthsが複数存在しうるのである。例えば、世の中には健康に気をつけてオーガニック食品やローカロリーの食生活を目指す人もいれば、ファストフードやインスタント麺が大好きな人もいる。さらに、普段はローカロリーな食生活に並々ならぬこだわりがある人が、何かのきっかけでたまにはお腹いっぱいハンバーガーとフライドポテトを食べたくなることもある。

　人間は複雑で非合理であるからこそ、Human Truthsは1つではなく、むしろ無限に存在するのである（それが、私たちがHuman Truthsに複数形の"s"をつけている理由である）。Human Truthsは無限に存在するがゆえに、どのHuman Truthsに光を当てるかによって、ブランディングは大きく変わるのである。

　例えば、玩具ブランドを例に考えてみよう。

　日本において、伝統的に「おもちゃ」やそれを通じた「あそび」は、勉学や労働と比べて低俗で価値の低いものとみなす精神文化が存在している。例えば「うちの子は遊んでばかり」「あの人は遊び人だから」といった表現に、「あそび」という概念にまとわりついた文化的なネガティブイメージが推測できるだろう。だから、親たちは子供に対して、「遊ぶことは大事なことだ」と知りつつも「遊びの中でもっと学んでほしい」という葛藤を抱えていた。

　その日本の親たちの葛藤に真正面から答えたブランドが、レゴだったと言えるのではないだろうか。日本においてレゴが成功した最大の要因は、親たちのHuman Truthsに直接刺さる商品を提供したことだろう。

　一方で、「遊ぶことは悪いこと」という文化そのものに異を唱える企業もあった。つまり、「遊ぶことは楽しい」「だけど、遊ぶことは悪いと思われているから罪悪感を感じる」という、多くの大人が持つ葛藤を、解きほぐす方

向である。

バンダイナムコエンターテインメントが2015年に策定した「アソビきれない毎日を。」という企業理念は、ブランドからの、人々が抱える葛藤に対する大きなメッセージであると捉えることができる※。つまり「アソビきれないぐらい遊んだっていいじゃない。世界が遊びで満たされたら楽しいじゃない」という、ブランドの強い信念がこのフレーズからは滲み出しているように思う。このように企業理念を定めたバンダイナムコの提供する「あそび」は、レゴの提供する「あそび」とは本質的に異なっているだろう。それは言ってしまえば「学びを目指さないあそび」であり、「あそぶことそのものの価値を全肯定するあそび」である。

例えば2019年のヒット商品、カプセルトイ「だんごむし」など、従来の発想を超えるような面白い玩具を連発できる背景には、同社が「あそび」について的確にHuman Truthsを捉え、そしてそこにブランドとしての信念の軸を通していることがあると言える。

このように、「おもちゃ」という同一カテゴリーの中にあっても、ブランドが役割を果たせる「葛藤」は無数にあり、そこにどう光を当てるかがブランドの個性に他ならない。だから、「どのHuman Truthsに着目するか」はそのまま、ブランディングの方向性を定めることになるのである。

以上のように、Human Truthsとは、「人々の隠された葛藤」であり、顧客自身が言語化・認識化していないからこそ、ブランドに携わる者自身が「洞察」する必要がある。そして、人間が複雑なものであるからこそ、Human Truthsは無数にありうることから、わたしたちは拙速に「正しい」答えを求めてその可能性を狭めるのではなく、多くの可能性の中から、そのブランドだからこそ向き合うHuman Truthsを探索することが求められている。

※現在、バンダイナムコの企業理念は、グループのグローバル化を背景には2022年4月よりパーパス"Fun for all in the Future"に進化している。

COLUMN

中期経営計画をやめる？

味の素が中期経営計画の策定をやめることとし、その理由を藤江社長は以下のように説明している。

いまは先行きが不透明で将来の予測が非常にしにくい事業環境です。そんなときに3年程度先の計画の精緻な数値をつくり込みすぎることで、現場が疲弊してしまったり、計画そのものの意味が薄れたりすることを「中期計画（中計）病」と呼んでいます。

私は、変化をしっかり捉えていくことが大事だとつくづく思います。3年先にどうなるかわからないことを綿密に組み立てて、やれ計画だ、やれプランだということには意味がないと思います。

それよりも大事なのは、「ありたい姿」です。だから中計はやめて、これからは「ありたい姿」を目標とした「中期ASV経営」を目指します。

その上でどのように今後経営を進めていこうと考えているかを以下のように説明している。

具体的には、2030年時点の「ありたい姿」を設定し、それを実現するための道筋を未来から現在へとさかのぼり、戦略やマイルストーンをロードマップとして整理するという経営に進化させていくことにしました。

これはまさに、リーダーシップキャンバスの基本思想と一致している。

時間軸を持たないパーパスのもとで2030年のありたい姿（アンビション）を設定し、その実現に向けた道筋（トラジェクトリー）をロードマップとして整理する。その上で、変化を捉えて柔軟にロードマップを変更していくというアプローチは、将来予測が非常にしにくい現在の多くの日本企業の事業環境に合っているのではないかと考えている。

（引用：味の素グループの今がわかるWebマガジン「中期経営計画をやめる、って本当ですか？～教えて！藤江さん～」）

COLUMN

マーケティングに立てるべき「問い」は?

　マーケティングの延長線上として位置付けられてきたブランディングの在り様が変わる。この文脈においては、従前のマーケティングの考え方そのものの在り様もどのように変わるのか、ということを押さえることが必然となってくる。このコラムにおいては、様々なマーケティングの最前線に携わる実務家に向けた、これからなされるべき「問い」をいくつか投げかけてみたい。

１．従前のターゲティング思想から脱却できるか?

　人中心、顧客中心主義、顧客至上主義……これらの文言はすでにデフォルト化してきている感がある。一方で、「誰が顧客ですか?」という問いに関して明確に回答できる企業は非常に少ないのではないかと思われる。ブランディングの在り様が変わり、人々のブランドから受けとる「享受価値＝アリーナ」という発想に立脚すると、本当に貴社は「顧客ターゲット」というものを正しく設定できていると言えるだろうか?

　商品やサービスを超えた価値を求める価値観がカギとなる今日で、いかにマーケティング範疇での「ユーザー」「利用意向者」傾注の思考に問いを立てられるのか、ブランド価値訴求の本当の相手は誰なのか、同時に誰が自社の顧客ではないのか?　この問いを立てるだけでも、企業全体としての新たなブランディングへの勝ち筋が変わってくるだろう。

２．「顧客を知っています」は妄想かもしれない?

　我々は顧客を知っている、なぜならば定期的にリサーチを行い、あらゆるメソッドで多面的に顧客の行動や思考を分析しているから。

　これはいかにも手法論におぼれて「たくさんのことを知っている」＝「わかっている」というマキシマイザー的（Maximizer）な発想であると考える。「市場の細分化＝セグメンテーション」という発想で顧客に仮説を当てにいく、あるいは、顧客ニーズを探索しにいく従前の「顧客」←→「ブランド」という2極化構造から成り立っているリサーチでは、顧客とブランドの深い

131

「関係性」にまでタップインできるインサイトには出合えない。

　コロナ期が実証したようにブランドと顧客の「関係性」は、偶発が生み出す化学反応が起きた時にキラリと表出するものである。この「キラリ」を従前の手法で表出させることができるのか？　今一度貴社のマーケティングプラットフォームに問いを立てる時期にもきているのではないだろうか？

３．コーポレート部門の役割バイアスから脱却できるか？

　世の中の関心が、事業そのものから生み出される個別の価値を超えた「大義」「意味」と言われる部分も購買決定要因として重視される今日。コーポレートが世の中に対して体現訴求していくべき価値、そして事業を通して体現訴求していくべき価値の立ち位置を明確にすべき時と言えるだろう。コーポレートでしか果たせない役割、事業として実装していく役割、この2つがドッキングして初めて、顧客へのゆるぎないロイヤルティを生むのが今の時代だ。では現場の実情はどうだろうか？　コーポレートのパーパスと商品ブランドのパーパスとを紐付けようとして苦戦している、かえって事業サイドとコーポレートサイドの対立構造を生んでしまった…というブランドマネージャーの声は少なくない。これらが想起させる要因は、コーポレートブランドの重要性が増す昨今、いかにして顧客とのタッチポイント（接点）にその価値を入れ込むかという後付けの作業をしていること、そして、いかに日本企業のコーポレート部門が事業性とは切り離された存在として活動がされてきた、言うなれば「間接部門」的な立ち位置であったかということに他ならないように思える。コーポレート×事業が果たすべき役割を明確にし、双方が「事業成長に直接的に寄与するフロントである」という認識を持てるか、という問いは今後の日本企業にとっても非常に大きなチャレンジともなるであろう。

　最後に、上記３つの問いを立てること、それを実装に移していくことにおいては企業内にとっては非連続な変革であり、相当なエネルギーとマグニチュードを発生させるはずである。では、誰のリーダーシップでこのような変革を起こせるか？

　従前の予定調和から脱却できるのは、経営トップ陣の強いコミットメントとスピードであることも最後に付け加えさせていただきたいと思う。

第 5 章

ワクワクする
パーパスの創造と
事業戦略の融合

イントロ

　この章では、ブランドリーダーシップキャンバスの基礎となる現在地と目的地について、その意味とそのアプローチについて説明していく。

　現在地を把握するデパーチャーポイント、目的地を設定するパーパス＆アンビション、そしてそれを事業戦略にどのように融合させていくのかについて詳述する。

デパーチャーポイントの確認
「今、私たちは どこにいるのか？」

図5-1 | コードマップにおけるデパーチャーポイントの位置

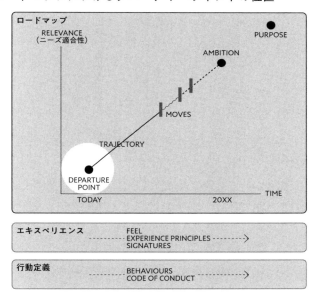

　ブランドの存在意義や目標地点を検討する上でも、「ここで何が起こっているのか」という現在の出発地点を正しく認識しておくことは重要となる。多くの要素が複雑に絡み合う現在のブランドの姿を、定性的、定量的に様々なアプローチで紐解きながらブランドの本質的な課題を見極め、「Here what our current challenges are…（私たちの課題をひと言で言うと…）」と簡潔にまとめていくのが理想である。

ブランドのDNA、企業文化と癖

　ブランドの本質は唯一無二性であり、それを見極める際には、自分自身を徹底的に掘り下げることで見えてくる。「創業者の想い、先人たちが危機に陥った際にどのような行動をしてきたのか」「なぜ私たちはいつも××のような行動や思考をするのか」といったことを深めていく。

　社史を理解するだけでなくオフィシャルな社史には載せられないような（やんちゃな）エピソードを先人たちに伺う、必ずしも合理的な判断がされていないケースにはどのような価値観が隠されているのかを探っていくなどするが、特に企業特有の行動や思考の「癖」は自分たちにとっては当たり前のものであるがゆえに、自分たちで見極めることが難しく、他人から言われて気づくことが多い。そのため、必ず、新入社員、最近入社した中途社員、M＆Aで仲間となった事業のメンバー、社外取締役、競合とも取引している顧客など「よそ者」に当たる人々と会話することをお勧めしている。ここが可視化できているとブランディングの軌道や活動を検討する上でも非常に役立つ。

　例えば、ある自動車関連の会社では社史の紐解きや中途社員との会話で、レースに渾身の力を入れてきた歴史もあり、経営層から一般社員が「順位」に対するこだわりが強く、他の人に負けたくないという闘争心が強い。そして他人から指示されて行動するのではなく、自らの想いを原動力として仕事に取り組む方が多い、ということがわかった。

　課題としては、目の前の戦いに囚われすぎてしまい、大局的な視座を持ちにくい、トップが決めた方針を守らずガバナンスが利きにくいこと。このような場合ブランディングも局所的かつ整合性の取れない商品・サービス中心のアプローチにとどまっていた。

　これは課題として表面化してはいるが、その文化を生かす形でブランディングのアプローチを検討することで効果的でユニークなものになると考えた。例えば、国別にブランドの共感度合いを見える化して、各国のトップの闘争心に火をつけるアプローチや毎年の創立記念日でパーパスに関するテーマを設定したイベントを企画して、その社内外評価を競う形にしたり、ブラ

ンドのガバナンスについて、しっかりとしたガイドラインやルールで縛り、取り締まる形にするのではなく、各国の自律的なガバナンスを生み出す仕組みを導入するという形で、ブランディング活動を設計することにつながっている。

▷ 現在の顧客や他の マルチステークホルダーからの認識と期待

クライアントとの初期議論において、「いいものを作っているのに理解されない」「自分たちのよさが伝わっていない」という声をよく聞く。非常によい商品・サービスやカルチャーを持った企業でも、ステークホルダーが正しく認知・理解しておらず、隠された優良企業であることはあり、ブランディングはそれを解決するものであると考えられている方も多い。

しかし、ここまでSNSが普及し、社内の情報が明らかにされてしまう状況で、隠された優良企業は減っており、いい企業はたちまちファンによる勝手連的な応援がなされ、世の中に広まっていく。もしこのような状況が起きていないのであれば、非常にいい商品やサービスと思っているものが、顧客の期待に沿っていない、もしくは競合と違うことが知覚できないのかもしれない。

自らの評判と立ち位置を謙虚に受け入れ、将来に向けた期待を深く理解していくことに力点を置くことが大切である。

ある企業では、顧客定量調査やブランド価値の低さから課題が指摘されていたが、経営層は自社製品のクオリティや認知度の高さに自信を持っており、深い危機感は抱いていなかった。その際、ある顧客デプスインタビューで出たそのブランドに対する認識として「終電を逃してしまってベンチで寝ている中年サラリーマンみたいなブランド」というひと言が飛び出した。それがきっかけとなり、経営層が問題を理解し、全社を挙げてのブランディング活動につながった。ここでの期待する理解は「人の理解」そのものであり、Human Truthsの各アプローチやツールが参考となる。

第5章｜ワクワクするパーパスの創造と事業戦略の融合｜　137

▷ 市場と競合の定義および事業上の課題

「私たちはどの市場で、直接・間接的に誰と競争しているのか」という問いは競争優位戦略を検討する上で基本中の基本である。市場成長性と占有率で、戦う市場を特定、競争優位戦略の型を選定し、取り組む。前述した通り、「この市場」という概念があいまいとなり、市場と市場の重なりが増す中で、市場におけるシェアを高めることが事業戦略の全てではなくなっており、現在の利益の源泉と将来の源泉を正しく、シビアに理解することは事業戦略とブランド戦略の一体化のためには必須である。

　ここでのアプローチは様々な戦略コンサルタント会社や学者の先生方が提唱しているが、インターブランドで重視しているのは、前述した顧客享受価値という概念である。機能価値をベースとした市場のくくりではなく、顧客享受価値視点で自らとベンチマークを規定し、その期待に応えていくことで新たな利益の源泉を確保していく。我々はどのような顧客享受価値を満たすブランドなのか、その視点で見た際の課題とはどのようなものなのか、この論点を検討することで、これまでに見えていなかった課題が見えてくることがある。

▷ Human Truthsアプローチ・ツール例

ツール例① 「デパーチャーポイント」は常に「人」の視点で捉える

　ブランドの現在地「デパーチャーポイント」を理解する時は、常にブランドを取り巻く「人」の視点で捉えなければならない。このように書くと、一見当たり前のようであるが、これは多くのブランドにとって、1つ目の越えなければならないハードルであると言っていいだろう。実際、私たちは日々のブランディング業務の中で、また、街角で見かけるブランドのメッセージ発信の中で、企業とブランドが「企業視点」の呪縛から解き放たれることの難しさを目の当たりにしている。

　例えば、しばしば、「わたしたちは社会に安心と安全を提供しています」

というような企業の発信を耳にすることがある。これはたしかに間違っていないだろう。しかし、企業やブランドを、社会に暮らす人々から捉え直すとどうだろう？　第一に、「社会」とは一体誰なのか、という問いが浮かんでくる。社会は、多様な人々の集合体である。人間には誰1人として同じ人はおらず、ただ、それをなんらかの属性や性質でカテゴライズできるだけだ。だから、ブランドは、「自分たちが目を向けるべき相手は誰なのか」をより深く、徹底して考える必要がある。

　次に、「このブランドが提供している、社会に暮らす人々から見た『享受価値』は何なのか」という問題がある。そう問われたら、企業は「それは安心と安全だ」と答えるかもしれない。しかしここで、第2章に触れたレビットの「ドリルの穴」のエピソードを思い出してほしい。「わたしたちは安心と安全を提供しています」——これは言ってみれば、「わたしたちはドリルを提供しています」と述べているにすぎず、「人」が本当は何を享受しているのかを捉えてはいないのだ。ひと言で「安心と安全」といっても、「人」が実際に得ているものは、例えば交通機関であれば、「目的地に到着するまで、リラックスして心を休めるひと時」かもしれないし、BtoBの部品メーカーであれば、「不具合なくスムーズに製品を製造でき、予定通りに工程を終えることができる心地よさ」かもしれない。

「安心と安全」は概念であり、知覚できない。知覚できないものを人は享受できないので、企業が「安心と安全」を提供することによって、人は知覚できる「何か」を享受しているのである。

　こうして企業視点の「提供価値」を「享受価値」に置き換えた上で、その享受価値において、自社のブランドが「満たしている点」と「未充足な点」を考える。その時、ベンチマークすべきブランドは同じ業界内のブランドではない可能性が高い。前述の「アリーナ」の視点に立てば、自社ブランドが「享受価値」において競合している相手は、カテゴリーの枠を大きく超えて、多岐にわたっている可能性が高い。

　より高次の享受価値に目を向けるほど、私たちは、「人」の選択と意思決定のプロセスにおいて、「何と何の間」で天秤にかけられているのかがより明確になってくるのだ。

第5章｜ワクワクするパーパスの創造と事業戦略の融合｜139

ツール例②「ラブレター＆ヤブレター」

　自社の商品やサービスについての顧客の評価を知ろうとする時、通常はその商品・サービスの好意度や他社推奨度を聞き、その「理由」を聴取することが多い。しかし、この聞き方には大きな落とし穴がある。それは、「人は自分の行動の選択を正当化したい」という心理を持っているということだ。そのため、「なぜこの商品を選んだんですか」と聞かれると、人は無意識のうちに「もっともらしい答え」を探してしまうものなのだ。誰も、自分が取るに足らない、くだらない理由で自分の行動の意思決定をしたとは認めたくない。ましてや初対面の人にそのように思われたいとは思わないものなのだ。

　だから、「なぜこの商品を選んだのですか」と質問すれば、顧客から返ってくる回答は次のようなものだろう。

「他の商品にはない機能があったから」
「品質がよく壊れにくいから」
「値段が安くて賢い買い物だったから」

　これらの回答の中では、商品・サービスの「機能的価値」しか述べられていないことに気がついただろうか。人は、自分が論理的に正しい判断をしていると信じたいものなのだ。だから、ただ直接顧客に質問するだけでは、その人が購入に至った本当の理由、不安や願いのような感情のゆれ、その感情に対して商品が何を提供してくれたのかの「情緒的価値」を探ることは難しいのだ。

　商品・サービスの情緒的価値を探るには、それを意識したアプローチが必要になる。その手法は様々なものがあるが、ここではその中の１つ「ラブレター＆ヤブレター」を紹介したい。その方法は極めて簡単である。

　商品・サービス、ブランド、または特定の商品カテゴリーについて、「『ラブレター』を書いてください」と質問する。初めてその商品・サービスに出合った瞬間、興味を持ったきっかけ、好きになった理由、今その商品・サービスに抱いている感情を書いてもらうのだ。不思議なものだが、商品・サー

ビスの「好きなところを教えてください」と言われると、人は機能的特徴ばかりを挙げようとするのに対し、「ラブレターを書いてください」と問うと、たくさんの感情のこもった言葉で、情緒的な結びつきができた瞬間について語りだすのである。

　その商品・サービスがあまり好きでない人には「お別れレター」を書いてもらう。どんなところがどうしても許せなくて、その商品・サービスとお別れしたいのか、その心理的に障害となったポイントが浮き彫りになってくる。

　この手法を使う時、1つ重要なことがある。それは、対象者とインタビュアーとの間での関係性構築（ラポール構築ともいう）である。いきなり知らない人から「ラブレターを書け」と言われて戸惑わない人はいない。戸惑いは容易に不快感に変わるので、この質問を投げかけるまでに、対象者との間に信頼関係を作っておくことが重要である。

　最初のステップとして、好意度や、その商品・サービスに対する具体的なエピソードなど、誰でも答えやすい質問から始め、関係性を構築した後で、このような一風変わった質問を投げかけてみるといい。「ここからちょっと変わった質問をしますが…」といった枕詞や、「ゲーム感覚で、楽しんでやってください」といった、相手の緊張をほぐす声かけも有効である。そのため、この手法は1対1のデプスインタビューなど、定性的な調査によく合った手法である。

第5章｜ワクワクするパーパスの創造と事業戦略の融合｜　141

パーパスの設定
そもそも、なぜ私たちは この世の中に存在するのか？

　パーパスは、ブランディングにおいて北極星の役割を果たす。現在地点の課題の本質を見極めた上で、改めて「なぜ私たちは存在するのか」という点を明確かつ簡潔にパーパスとして定義し、北極星として全てのブランディング活動の根拠としていくのだ。パーパスとは、日本語で存在意義や志と訳される通り、「『なぜ』このブランドは社会に生まれてきたのか」「何を成し遂げることを目的としているのか」を時間軸を超えて定めるもの。ビジョン、ミッション、理念など様々なブランドを定義する概念があるが、パーパスでは社会との関わりの中で「なぜ」にフォーカスを当て定義していく。

図5-2 ｜ ロードマップにおけるパーパスの位置

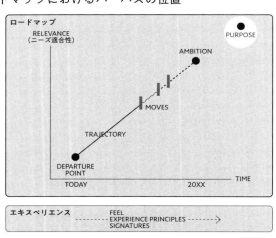

▷ 強いパーパスとは？

それは以下4つの条件の通り、十分に焦点を絞った、真に人間らしい渇望を表現するものである。

① Human（人間らしさ）
② Focused（焦点を絞る）
③ Authentic（真実性）
④ Desire（渇望）

パーパスは、一時的なトレンドに左右されず、常にブランドに関わるメンバーをワクワクさせるもの。企業の意思決定に決定的な影響を与える、深く根付いた信念であり、意思決定に明確さとインスピレーションをもたらすために声明として要約したものである。

そのため、パーパスは一時的な環境をベースにコミュニケーションの一要素として「コピーライト」されるべきではなく、経営層が未来に向かって体現し続けることができるパーパスを定義するべきである。多くの企業がパーパスを持っているが、実際にパーパスに従って生きている企業は少ないという現実を理解する必要がある。

① Human（人間らしさ）

強いパーパスは、否定しようのない人間の真実に根差しているべきである。強いパーパスは、「はい……でもなぜ？」というさらなる疑問を招くべきではない。ナイキのパーパスは、究極の目標を明確にしている。

Our purpose is to unite the world through sport to create a healthy planet, active communities, and an equal playing field for all.

スポーツを通じて世界を1つにし、健全な地球、活発なコミュニティ、そして全ての人に平等な競技の場を提供する。（執筆者訳）※ 2022年当時のパーパス

第5章｜ワクワクするパーパスの創造と事業戦略の融合｜ 143

② Focused（焦点を絞る）

　強いパーパスは焦点が絞られているが、十分な幅も持っている。人間の真実に根差した世界がどのようにあってほしいのかという概念は、それ自体がしばしば意味が広すぎることがある。パーパスの機能はそれ自体だけで差別化を生むことではなく、方向性を絞り示すことである。

　例えば、その概念を実現するための果たすべき役割を定義することで焦点を絞ることができる。

　トヨタ自動車の「私たちは、幸せを量産する」というミッションは、意味が広い上位概念である「幸せ」を「量産する」というトヨタらしい役割を定義することで、焦点を絞ることができている。

③ Authentic（真実性）

　パーパスは、企業の運営方法と収益モデルの上位概念として位置し、事業活動は常にそれを体現するものとして、誠実でなければならない。

　そして、経営においてフィルターとして機能し、利益に関する意思決定を上書きするほど明確でなければならない。インターブランドと同じオムニコムグループ傘下の大手グローバル広告代理店DDBの創設者ビル・バーンバックが「原則は、それが何かを犠牲にしない限り原則ではない」と言ったように、曖昧で無個性なパーパスには注意が必要である。強いパーパスは、岐路を生み出すものだからだ。

④ Desire（渇望）

　強いパーパスは、技術、セクター、商品・サービスカテゴリーを超越し、人々がほしい・実現したいと想う生々しい渇望が内包されている。例えば、マイクロソフトのパーパスは、人の「何かをより多く成し遂げたい」という深い渇望に立脚している。

To empower every person and every organization on the planet to achieve more.
地球上の全ての人と組織が、より多くのことを達成できるようにする。（執筆者訳）※2024年現在のパーパス

どうパーパスを策定していくのか？
Ethos, Field, Role

　パーパスはEthos、Field、Roleの3つの主要な観点から検討すると、普遍的かつ、フォーカスされた力強いものとなる（図5−3）。どのような世界にしていきたいのか、そこでどのような領域で、どのような役割を果たしながら、その世界に近づけていくのかを検討し、シンプルな形でまとめていく。

図5-3 | パーパスの構成要素

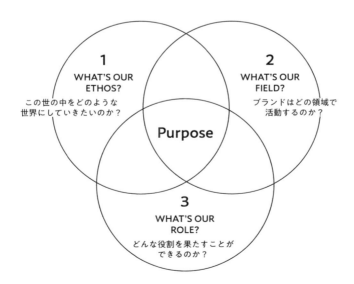

▷ Ethos（この世の中をどのような世界にしていきたいのか？）

　ブランドの中心にある唯一無二の真実や想いは何なのだろうか？　世界を公正？　進歩？　正義？にしたいのか、正したい世の中の間違いは何なのか？　これは、リーダー層にとって最も大切なエシックス的信念を定義することになる。多くの企業が、究極の目標である「幸せ」「豊かさ」を据えることがあるが、その世界を否定する人はほぼおらず、全てのブランドにとって言えることになってしまうことになる。「どのような課題を解決することで幸せに満ちた世界を作りたいのか」「幸せの障害となっているものは何であると捉えているのか」、もう一歩掘り下げることができると真実味が増していく。ただし、ここでは差別化（他の人は言えない）を最も重視する必要はなく、あくまでもそのような世界は素敵である、そのような課題が解決できたら真に人や社会は幸せになれる、という点を重視して検討する。同じ業界においても歴史や企業文化によって、この重視する点は異なってくるはずである。例えば、同じスポーツ業界においても、ナイキでは「Equality（平等）の実現」という点が最も中心の考えになるであろうし、アシックスでは「心身ともに健康で幸せな生活の実現」が挙げられるだろう。

▷ Field（ブランドはどの領域で活動するのか？）

　同じEthosにおいても、ブランドが活動する領域を定義することでより、フォーカスを当てることができるようになる。この領域は必ずしも「業界（例えば食を通じて）」や「技術（例えばAI技術で）」「商材・素材（例えばエネルギー）」である必要はなく、むしろ急速に競争優位の源泉が常に変化する世の中において、それを超えたもので設定することが時限的ではないパーパスにはふさわしい。事業領域を明確にすること、事業領域を感じさせる表現にすることは、経営や社員にとって投資や行動の判断基準となりやすく、自分たちらしさを感じやすいため、採用されがちであるが、その前提である事業領域の垣根がなくなり、変わっているという現実を踏まえて検討すべきである。そこで参考となるのが、前述の「顧客享受価値」という観点である。「事業領域

ではなく顧客享受価値観点で自分たちのフィールドを考えてみたらどうなるのか？」その視点で捉え直すと競合との違いを出すエリアのヒントも見えてくる。例えば同じスポーツ業界であっても、ナイキは“Play”＆“Express”に加え“Connect”、つまり「楽しみたい」「自分らしさを表現したい」という想いとNike Run Clubのコミュニティ機能や、多くの地域や社会との共創活動などから「人とつながりたい」という想いの両方を満たそうとしていることを感じる。

　一方、アシックスからは“Play”＆“Thrive”、つまり「楽しみたい」という想いと、「よりよく生きたい」という想いを満たしたいことを感じる。

▷ Role（どんな役割を果たすことができるのか？）

　その領域におけるありたい役割を検討するのだが、通常ブランドの人格は早々に変えられないことが多い。そのため、まずは歴史を紐解きながらDNAや難しい意思決定の際や危機的な状況でとった行動や顧客、社会との関わり方などから自分たちを理解することから始める。心理学者カール・ユングが提唱したアーキタイプのようなものから自身のパーソナリティを整理することもできるが、役割設定では、自分自身だけではなく、顧客や社会との関係性と併せて考えることがポイントとなる。関係性とは顧客を先導（Leader）するのか、ともに（Partner）進むのか、革新（Innovator）をもたらすのか、礎として支える（Supporter）のか、といったものである。ありたい世界を実現するためには今の自分自身および顧客との今の関係性を強化すればよいのか、何か変えなければ実現できないのか、本当に変えることができるのか、といった点を考慮して、役割を設定していく。この部分は、社員1人ひとりの行動変容を求めるものでもあり、背伸びはしつつも非現実的すぎないことが重要である。さもないといくら素敵なブランドのパーパスであっても実態との間に乖離が生まれ、信用を失う可能性がある。例えば、ナイキの役割とは、分断された世界をUniteする（1つにする）といったものとして考えられるし、マイクロソフトは、やりたいという想いに対してEmpowerする（力を与える）存在として捉えられる。これは彼らのこれまでの事業活動を体現しつつ、引き続き顧客や社会にとって価値を感じるものとなっている。

第5章｜ワクワクするパーパスの創造と事業戦略の融合｜　147

▢ パーパスとして1つにまとめる

　Ethos、Field、Roleの観点から整理ができたら、簡潔な文章に凝縮してパーパスとしてまとめる。キャッチコピーではなく、わかりやすく、過度な解釈を必要としないものとする必要がある。主にEthosを目的として捉え、どのようなRoleを果たしながら、Fieldで価値を生み出していくのか、という形で考えていく。必ずしも構文としてこのようになる必要はないが、3つの観点のつながりが理解しやすくなるであろう。表現としては、Roleで整理した性格を表現するトーンで考えるとより「そのブランドらしさ」が強調されてくる。前述したナイキが最近まで表明していたパーパス「To unite the world through sport to create a healthy planet, active communities, and an equal playing field for all.」。これは、3つの観点が全て感じられるものとなっている。また、ソニーグループの「クリエイティビティとテクノロジーの力で、世界を感動で満たす。」というパーパスは、シンプルかつわかりやすい例であろう。3つの観点で見ても、Ethos（感動で満たされた世界にしたい）、Field（クリエイティビティとテクノロジーを掛け合わせた領域で）、Role（自らが率先し、不退転の気概を持って実現していく）が容易に想像できる。

図5-4 │ パーパス事例

	Nike	Microsoft	Interbrand
Purpose・Mission	"To unite the world through sport to create a healthy planet, active communities, and an equal playing field for all."	"To empower every person and every organization on the planet to achieve more."	"To inspire growth for all."
Ethos	equality	inclusion	equity
Field	personal & business growth	productivity	personal & business growth
Role	inspirer	empowerer	inspirer

出社：Interbrand以外のEthos, Field, Roleの言葉はインターブランドが各社発信情報をもとに分析して作成

パーパスは
ブームなのか？

　これまでビジョン、ミッション、コンセプトなど様々な概念でブランドの存在意義やありたい姿が語られてきた。パーパスもその概念の1つであるが、自分のことだけでなく、社会と自分との関わりを必ず明確にする点が特徴である。若者を中心に社会的な意義を重視した価値観、生き方が謳われ、購買活動、採用活動など様々な局面で影響を及ぼし、ESG視点での質問が機関投資家から当たり前のようになされるようになり、パーパスの役割とその重要性が取りざたされるようになって10年近くになる。多くの企業でこの10年の間に理念体系を再整理し、パーパスやそれに準じる概念を整備し、HPや統合報告書で報告している。これはブームで他の経営概念のように次のテーマに取って代わられるものになるのだろうか？

　思想編で紹介した通り、企業という存在の役割とその期待が変わったことで、パーパスという概念に注目が生まれたわけであり、この期待変化は一過性のものではないと考えている。その役割と期待の変化とは、パーパスという言葉自体に取って代わられる可能性はあるが、企業の根幹に社会との関わりを明示するということはこれからも変わらないだろう。多くの企業がパーパスやそれに類するものを設定しているが、その後何も変わらないという課題も多く聞く。2022年に日本経済新聞社と行ったパーパス経営調査においても85.9％の企業経営者がパーパスかそれに類するものを設定していると回答。一方、その事業を通じた実行については、86.4％の経営者はできていると認識しているが、実際のところ実践者であるビジネスパーソンは52.0％にとどまっている（図5‐5）。

当然パーパスを設定しただけでは、ブランド価値や企業価値は高まることはない。いかにこの目的に向かって進んでいくのか、パーパスの実践が現在の多くの企業の課題となっている。

図 5-5 ｜ NIKKEI-Interbrand パーパス経営調査

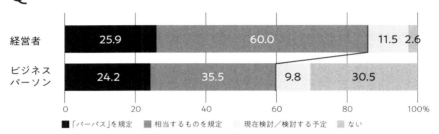

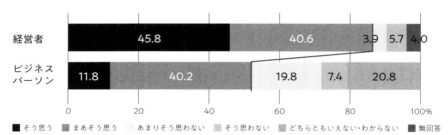

ビジネスパーソンには、「あなたは、あなたの会社の「パーパス」もしくはそれに相当する企業としての哲学を、「事業を通じて実践できている」と考えていますか」と質問

出所：パーパス経営調査2022（日本経済新聞社、インターブランド共同実施）
経営層：JPXプライム市場上場会社の経営層216名
ビジネスパーソン：JPXプライム市場上場会社の正社員435名

パーパスだけでは推進力が生まれない？
目標地点を明確にして
推進力を生むアンビション

◻ アンビションとは？

　パーパスはブランドや組織が目指していく方向性を示していくが、時間軸を持って設定されていないことが多い。そのため、パーパスを達成するというように考えると、永遠に辿り着かないのではないかと不安になり、推進力が弱まってしまうリスクを内包している。また、パーパスを設定し、実践しようと考えた際に、あまりにも選択肢が広がりすぎるため、アクションを絞り込むことができないといった課題も挙がることがある。

　そこで、インターブランドでは、パーパスという目的に向かって、時間軸を区切り、具体的に達成状況を測れる目標地点であるアンビションをパーパスとセットで設定している（図5 - 6）。パーパスが「なぜ（Why）」だとすると、アンビションは「どこへ（Where）」と整理することができる。具体的に目標設定がされることにより、逐次、達成状況がわかるため、組織としての推進力の維持と、必要に応じた目標達成へのアプローチの変更を検討することができるようになる。

　アンビションは、「XX年までに、XXXという存在となる（もしくはXXXを成し遂げる）。それが実現されたかはXXXという指標で評価する」という形で表現される。例えば、アポロ11号の月面着陸50周年記念の際、探査チームの一員であった宇宙飛行士マイケル・コリンズは、ジョン・F・ケネディの1961年の約束（本書でいうアンビション）―「10年以内にアメリカ人を月

第5章｜ワクワクするパーパスの創造と事業戦略の融合｜ 151

に送り込む」― が、ミッションに至るまでの数年間において強力な原動力となったことを強調した。コリンズは、その言葉の一貫性と明確さが、ミッションに至るまでの数年間にわたって、衝撃を克服し、プロセスを迅速化し、全員に明確な目標とタイムラインを提供したと回想している。

図5-6 | ロードマップにおけるアンビジョンの位置

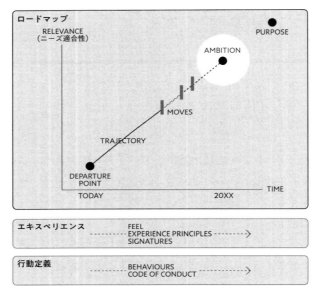

よいアンビションの条件とは？

よいアンビションは、Tangible（具体的）で、Time-bound（期限）があり、Measurable（測定可能）という3つの条件を備えている。

Tangible（具体的）

パーパスはそれ自体では高すぎて勢いを生み出すことができない。だからこそ、明確で具体的かつ信頼できる目標を定義することが重要となる。パーパスがインスピレーションを与え、方向性を示す必要がある一方で、アンビションは集中力を生み出し、行動を促す必要がある。

Time‒bound（期限）

　アンビションには期限を設定する必要がある。経験則としては、5 〜 10年先の未来がいい。これはブランド構築に十分な時間を与えつつ、動機付けとなり、現実的であるためである。ただし、その期限は、カテゴリやビジネス固有の要因、例えば製品開発の期間などによって影響を受ける。

Measurable（測定可能）

　アンビションは明確で客観的に測定可能であるべきで、成功の決定的な尺度や目標（少ないほどいい）によって支えられる。これらの成功の尺度には以下が含まれる場合がある。

金額的に評価できるもの（例：ブランド価値 XX 億円達成、XX 億円の事業創出）
認知・認識に関するもの（例：「XX」の代表ブランドと世の中から認識される）
行動の結果に関するもの（例：金メダル獲得、XX に関する社会課題を XX ％解決する）

どうアンビションを
策定するのか？

アンビションは事業戦略との関係も深いものであり、長期経営戦略などでのありたい姿として設定されていることもある。パーパスに基づいて前述のよいアンビションの条件を満たしている場合、あえて変更せずにそのまま使用することも十分にありうる。

策定にあたっては、デパーチャーポイントで理解した現在地点から、パーパスの方向性に向かって、どこまで辿り着きたいのか、という点を経営層がリーダーシップを取って検討していく。ブランドの概念検討に際しては、ボトムアップで検討するアプローチを採用することはもちろんあるものの、アンビションは事業戦略目標と密接に関連しており、かつ組織としての覚悟を表明するものである。独りよがりにならないよう社員を中心としたステークホルダーの声を拾いつつも、ここは経営層に決めていただきたい。

以下は検討にあたっての注意点となる。

無駄や曖昧さを避ける

コピーライティングの練習にはせず、鋭くシンプルに保ち、行動を促す明確なビジネス目標にするべきである。

焦点を絞る

強力なアンビションは非常にシンプルであり、自然とKPIが何であるべきかを示唆するものである。成功の尺度が複数あることに問題はないが、明確

さと一貫性を追求するべきである。追求する目標が多ければ多いほど、それらが互いに矛盾する可能性が高くなる。

「スイートスポット」を見つける

　アンビションが非常に容易に達成できるものであるなら、それはアンビションではなく、単に現状維持である。一方で、アンビションが現実的に達成可能であり、かつその期限内で達成可能であるかも考えるべきである。

　もしそうでないなら、それは単なる空想にすぎず、行動を導くものではない。いいアンビションはその2つの間で完璧なバランスを取り、「信頼できるストレッチ」となるべきである。挑戦心を備える経営層や社員が、「努力や変化せずに簡単にできそう」と「できるわけがないとシラケる」の間となる、「できたらすごいよね」を感じるものとなるかが肝となる。

第5章｜ワクワクするパーパスの創造と事業戦略の融合｜　155

経営に実際に
落とし込むための
価値創造ストーリー事例

　パーパスでブランドと組織にワクワクする方向性を示し、アンビションで具体的な目標を示して推進力を生み出すという設計を説明してきた。前述の通りパーパスの実践という課題に直面する日本企業においては、このパーパスとアンビションをどのように事業戦略と一体化していくのか、という点は最初の障壁となる。

　以下、ソニーグループの実践例は、参考となる。

　多角化事業での事業ごとのありたい姿と価値定義で推進力を生み出すソニーグループには前述した通り明確な「クリエイティビティとテクノロジーの力で、世界を感動で満たす。」というパーパスが存在する。それ自体はソニーというグローバルかつ多様な業態を内包するグループにおいて、明確に方向性を示し、感動の提供をどのように行っていくべきかを全てのソニーグループに関わる人々が検討し、実現できるものとなっている。

　一方、ソニグループーはエレクトロニクス、映画、ゲーム、音楽、金融、と多岐にわたって事業を展開し、顧客もBtoCとBtoBと幅広い多角化グループである。このパーパスを経営に落としていくために、いくつかの工夫をしている。

📄 事業のありたい姿を設定

　各事業でアンビションとも言えるありたい姿を設定し、パーパスのみだと若干曖昧となりがちな、ありたい姿としての目標地点を事業レベルで設定することで、事業として推進力が生まれる仕組みを設定している。事業のあり

たい姿は統合報告書でも明記された事業のコミットメントであり、例えばゲーム＆ネットワークサービスであれば、ありたい姿は、「『最高の遊び場』を実現する」とし、戦略目標として「PSNの販売数」だけでなく「総プレー時間数」のように本当に遊び場としてなりえているのか、を検証するとともに、事業戦略はその実現に向けて何をすべきかが検討・実行されている。

創出価値の定義

パーパスを実現するための、グループとして人、社会、環境へ届ける社会価値として、3つの創出価値を定義している。
① 感動体験で人の心を豊かにする
② クリエイターの夢の実現を支える
③ 世の中に安全・健康・安心を提供する

その上で、全ての事業がその価値のうちのどれかを創出することを選択し、その事業での価値を具体的に定義し、約束することで、各事業とパーパスの結びつきを明確にしている。例えばゲーム＆ネットワークサービスであれば、「①感動体験で人の心を豊かにする」「②クリエイターの夢の実現を支える」を選択し、事業における価値とその実現の仕方を明確に定義している（図5-7）。

図5-7｜ソニーグループの事例

出社：2023年ソニーグループ統合報告書をもとにインターブランドで作成

▭ Human Truths ツール＆アプローチ例

　強いパーパスとアンビションは、前述のように、企業起点ではなく人間起点で考えられたもので、そのブランドにユニークなものでなければならない。しかし、多くのブランドが世界中の様々な地域に事業展開し、または事業の幅も広がっている中で、統一のパーパス、アンビションは、往々にして一般的で、月並みな美辞麗句にとどまってしまいがちだ。

　私たちは日々のブランドコンサルタントとしての仕事の中で、しばしば「パーパスを策定したが、どう事業活動に落とし込んだらいいかわからない」というご相談を受けることがある。

　たしかに、事業活動への落とし込みは重要な課題だが、それ以前に、パーパスそのものが、一般的な、ある意味どのブランドでも言える内容（例えば、「よりよい未来を創ります」「人々の課題を解決します」などはその一例だ）になっており、ビジネス活動の道しるべとして機能していない場合も非常に多い。パーパス、アンビション策定を、一足飛びに成功させる魔法のツールは存在しない。本質的に、このプロセスは、とても哲学的で、理念的なプロセスであり、そのブランドの「来し方」をじっくりと振り返り、その中で連綿と受け継がれてきたものに思いを寄せ、そして「行く末」を遠く見据える道程だ。しかし、この道程で起こりがちな課題でつまずかないよう、工夫するためのツールはいくつもある。今回はその中から2つを紹介しよう。

▭ パーパスを策定するためのツール

ツール① 「火星からの使者」

　そのブランドが本質的に何をしているのか、社会の人々が享受できる価値は何か、なぜそれは重要なことなのか。それを明らかにするのは予想以上に難しい。なぜなら、特に従業員などの、そのブランドに日々携わっている人々は、ブランドになじみがありすぎるがゆえに、客観的にそのブランドの本質を語ることができなくなりがちだからである。だから、「あなたのブランドから、顧客はどんな価値を得ていますか」というシンプルすぎる質問では、

世の中でよく使われる手あかのついた言葉、社内の特定のリーダー（例えば社長など）が繰り返し語っているキーワード、顧客から聞いたことのある言葉、など、何かの言葉の受け売りしか引き出せないのが通常である。

この遊び心あふれるエクササイズでは、参加者は「火星からやってきた宇宙人」に、ブランドを説明することが求められる。

火星から来た使節がUFOから地球に降り立ったところを想像してみてください。彼らは地球人とビジネスをしたいと考えていますが、この地球にはどんなビジネスが存在しているのかを知りません。今から、あなたのブランドについて、火星からの使者に説明をしてください。

例えば、次のようなシンプルな構文で火星人への説明を考える。
「わたしたちブランドXは、○○をしています」
「わたしたちの企業は……」
「わたしたちは○○な人々に、○○を提供しています」

その後、火星人が質問する。
「○○とはなんですか？」
「なんのためにそれをするのか？」
「なぜ地球人にとってそれが重要なのか？」

このシンプルだが遊び心あふれるエクササイズは、ワークセッションなどの形式で、ブランドに携わる人々を2つのチーム（地球人チームvs火星人チーム）に分けて行ってもよいし、ファシリテーターが火星人役となって質問をしていってもよいだろう。ファシリテーターのもう１つの重要な役割は、会話をホワイトボードなどにメモしていくことだ。注意しなければならないのは、火星人はビジネス用語を使ってはいけないことだ。とぼけた質問を繰り返してもらい、参加者が、これまで深く考えたことのなかった言葉の意味を考えてもらう。このワークが終わる時には、そのブランドが、本質的には何をするブランドなのか、それがより生き生きとした、シンプルな言葉に分解されていくだろう。恥ずかしがらずに参加できるように、楽しい雰囲気づくりは重要なので、火星人のお面などの小道具も有効だ。

第5章｜ワクワクするパーパスの創造と事業戦略の融合｜　159

⬭ アンビションを策定するためのツール

ツール② 「フォー・コーナーズ」

「具体性があり、期限が切られていて、実現可能な目標」としてアンビションを策定しようと言われて、本当にアンビシャス（野心的）な目標を簡単に立てられる人は稀だろう。私たちは具体的な約束をしようとすればするほど、現在の様々な制約条件に縛られてしまい、大きな成長のストーリーを描けなくなってしまう。そんな時には「アイデア拡散」のためのエクササイズが有効である。ここではその代表的なワークの1つ「フォー・コーナーズ（Four Corners）」を紹介する。現状に縛られがちな思考を解放するアプローチの1つに、「無理やり極端な状況を考えさせる」というやり方がある。

　あるブランドについて、4つのベネフィットを挙げてもらう。ベネフィットは機能的なものでも、情緒的なものでもよい。しかし、例えば価格戦略を中心に据えるのでなければ、「価格が安い」といったベネフィットではないほうがよい。

　その4つのベネフィットについて、それぞれの究極の姿を考えてもらう。
　例えばあなたが飲食店ブランドを扱っているとしたら、
「究極的に楽しいレストラン」
「究極的に速く食べられるレストラン」
「究極的に老若男女全ての人が楽しめるレストラン」
「究極的に新鮮な食材が食べられるレストラン」

　このような具体的なアイデアを考えてもらうのだ。とにかく過激に考えることが重要で、この世には存在しなさそうな斬新なアイデアが出てきたら成功だ。ホワイトボードか模造紙に四角形を書き、それぞれの四隅に付せんでアイデアを貼っていくのもいい。

　たくさんの極端なアイデアが出てきたら、改めて、そのブランドが将来、どのような姿を目指せるのか、それはいつまでに達成したのか、「収束」に向けて議論を進めていくことになる。

第6章

リーダーシップによる
軌道描画
「トラジェクトリー」
とその実現アクション
「ムーブス」

イントロ

　この章では、ブランドリーダーキャンバスのプロセスを担う軌道の策定について、その意味とそのアプローチについて説明していく。

　軌道を定義するトラジェクトリー、軌道を推進する戦略的なアクションであるムーブス、顧客やステークホルダーと共創するために必要なHuman Truthsアプローチの事例について詳述する。

現在地とアンビションの
GAPを埋めるための軌道
「トラジェクトリー」策定

　トラジェクトリーはブランドが出発点（デパーチャーポイント）から目標地点（アンビション）へと進むための軌道を定義するものである（図6−1）。トラジェクトリーは「戦略の中の戦略」であり、目標に到達するための最善の方法とは何かという問いに答えるものである。そのため、トラジェクトリーはブランドが何をすべきか（そして何をすべきでないか）を決定する指針となる。これにより、全てのアクションが統一され、各アクションがその実現を目指して連携できるようになる。いわゆるブランドプロミスやブランドプロポジションといった言葉と近い概念であるが、それらはそれ自体の浸透が目的化してしまうことがあるが、トラジェクトリーはそれが目的ではなくアンビション達成に向けた方法であることが明確であるがゆえに、環境変化に応じて臨機応変に変更することが根本思想として備わっていることに違いがある。

▢ トラジェクトリーの役割

　アクションの一貫性と効率性を生み出し、それらが相乗効果をもたらし、企業の努力と投資の焦点を定め、一貫した物語を紡ぐことを確保することである。言い換えれば、トラジェクトリーは、各アクションが構築すべき物語の要約である。

図6-1 | ロードマップにおけるトラジェクトリーの位置

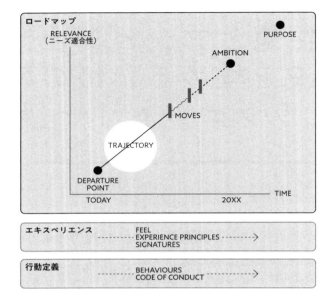

強力なトラジェクトリーの要件

　強力なトラジェクトリーとは、ブランドが最も得意とすること、人々が最も求めること、そして競合と最も差別化できること、を考慮した明確な方針である。そして、明確な方針とは、アクションにインスピレーションを与え、選択を促すことである。「これが我々のアクションの焦点である」として表現されるべきである。例えば、ダイキン工業の「空気で答えを出す会社」という概念はこれに非常に近い素晴らしいものである。「よりよく生きたい」「効率的に結果を出したい」という顧客が求める価値に対して、ダイキン工業ならではの自在に空気を作り出すことができる技術力とソリューション力が掛け合わさり、力強いものとなっている。

　この考えのもと、受験勉強に集中できる空気、トレーニング効果を最大化させる空気など、具体的な形で空気で答えを出す研究と事業開発を進めるなど、独自の物語が事業アクションによって紡がれている。「強力なトランジェクトリー」の3つの構成要素を定義すると、次の3つが挙げられる。

① ブランドの強み

② 顧客が最も求めるもの

③ 競合との差別化

① ブランドの強み

　優れた戦略とは、挑戦を乗り越えるために自らの優位性を活用することである。この点において、強力で実行可能なトラジェクトリーは常に「エッジ」、すなわち組織やブランドの資産や特長に基づいているべきである。そうでなければ、ブランドは間違った戦場で戦うことになってしまうことになる。

② 顧客が最も求めるもの

　優れたトラジェクトリーは顧客にとって関連性があるものである。それは、ブランドの資産を顧客に関連する形で展開し、市場のギャップを埋めるものである。また、人々のニーズや欲求に触れ、それに呼応したアクションを促すものである。ここはHuman Truthsのテクニックなどを活用して真に顧客や人々が求めるものを見つけることが肝となる。

③ 競合との差別化

　優れたトラジェクトリーは他と異なるものである。それはブランドを独自の道筋に導き、競争の激しい市場から抜け出すことを可能にするものである。強力なトラジェクトリーは、ブランドが市場においてユニークな価値を提供できるようにする。

▱ どうトラジェクトリーを策定するのか？

　トラジェクトリーを定義するプロセスは、原則的にはシンプルで論理的である。しかし、そこには「魔法」が求められる。基本的な出発点は、組織の全ての資産と利点を特定し、リストアップすることである。我々が持つ優位性は何か、他にない特長は何か、そしてそれが「エッジ」として何を意味するのか。幅広い視点で検討する必要がある。

　次に、それらの資産が競争環境においてユニークであり、かつ顧客のニー

ズと選択の要因に関連しているかどうかを基準に選別する。

　図6-2のように、自社が得意のエリアにおいても、3つのエリアに分けられる。顧客ニーズがあり、自身も得意であるが、競合も同様である、つまり最低限持つべきもの（Points of Parity）、そして、顧客のニーズに対して無関係なエリア（Points of Irrelevance）、残るのは顧客ニーズを満たし、競合優位を持つエリア（Points of Advantage）である。これらが戦略的機会であり、我々が目標に向かうために信頼性を持って活用できる、関連性のあるユニークな資産である。

図6-2 | 自社の得意エリアを3つの視点で整理

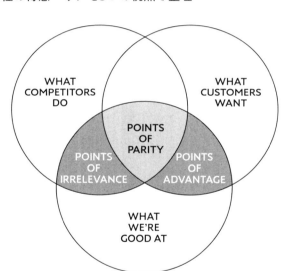

トラジェクトリーを検討する際の注意点

　実際に検討する際は、'by'テストを使用することで、リーダーシップキャンバスでの役割を明確に意識することができる。
　強力なトラジェクトリーは、概念的に「我々は…（出発点）から…（目標）に向かうために…（トラジェクトリー）」と表現されるべきである。これにより、トラジェクトリーが実際に「どのように」であることが確認できる。

アクションを具体的にイメージすること。トラジェクトリーは、そのアクションがどれだけ強力かによって評価される。関連するアクションのプロトタイプなしでトラジェクトリーを議論することは避けるべきである。

　トラジェクトリーが実際に促すことができるアクションの多様性を具体的に示すべきである。それらをできるだけ現実的で具体的なものにすること。アクションを具体的にイメージできなければ、他の誰もイメージできないであろう。

　後述する「ムーブス」とトラジェクトリーをセットで議論するとその検証が可能となる。その要件は下記である。

- キャッチフレーズにしない
- 誘惑に抵抗すること
- それはコピーライティングではなく、明確な指示である
- ブランドが目標に到達するために何をすべきかを明確にすること

軌道推進のための戦略的アクション「ムーブス」

「ムーブス」は、アンビション（目標地点）到達に向けて、トラジェクトリー（軌道）を推進する戦略的なアクションを意味する（図6-3）。トラジェクトリーが示す物語のテーマをアクションとして紡ぐ構成要素である。

図6-3 | ロードマップにおけるムーブスの位置

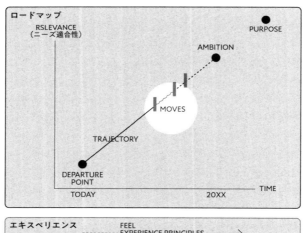

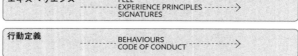

「ムーブ」という言葉は、ゲーム理論における「戦略的ムーブ」の概念に由来し、競争優位を生み出すことを目的とした行動を示している。戦略的ムーブは単なる発表ではなく、プレイヤーによる信頼できるコミットメントと行動を伴うこの言葉は、経済学者トーマス・シェリングが1960年に発表した著書『The Strategy of Conflict（紛争の戦略）』で初めて提唱されたものである。

インターブランドの考えるムーブスの特徴は、以下4点に整理される。

① 役割の特徴

ムーブスはトラジェクトリーというテーマに沿ったアクションでありそれをより強固にするものであるが、同時に人々の生活に感情的または機能的な価値を提供し、その人々のニーズとの関連性を高めるものでなければならない。すなわち、必ず組織内外の人々の考え方、希望、恐れ、選択、欲求、要求に影響を与える行動に焦点を当てる必要がある。

② 範囲の特徴

単なるキャンペーンや発表ではなく、組織として、確実に遂行しなければならないコミットメントである。そのため、コミュニケーションだけではなく、事業活動全てをその検討の範囲とするべきである。

③ 影響力の特徴

外部および内部に与える影響に応じて、漸進的なものから変革的なものまでいくつか段階に分けられる。例えば、自動車ブランドの場合、既存のディーラーシップの改善は通常、漸進的なムーブである。ディーラーシップを完全に廃止し、全く新しい接点に置き換えることは、より大胆なムーブであり、外部および内部に大きな影響を及ぼすことになる。

④ プロジェクトとしての特徴

ムーブスは固定化された計画ではなく、アンビションへの到達状況、トラジェクトリーとの関連度に応じて、常に見直されるべきものである。実証実験を行いながら、大胆に活動を変化していくべきものである。

▷ 強力なムーブスとは何か

　強力なムーブスは、特定のセグメントに対して、体験と期待の関係を変革する。ムーブでは、インタラクションの最適化（Optimize）、焦点を当てるもの（Focus）、または変革するもの（Transform）のいずれかを目指す。

Optimize（最適化する）

　これは、体験を期待に合わせるものである。通常、これは既存の顧客インタラクションを改善し、カテゴリリーダーが設定した基準に達することを目的としている。例えば、ラグジュアリーホテルチェーンがミニバーを改善し、カテゴリリーダーの水準に引き上げることが考えられる。

Focus（焦点を当てる）

　これは、重要な場面で体験が期待を超えるようにするものである。これは、特定の瞬間における独自の顧客インタラクションを構築することを目指すものであり、そのインスピレーション自らのカテゴリを超えたリーダーによって提供される。ホテルの例で言えば、ミニバーを独自のインタラクションに変えることであり、顧客情報に基づいて、限定のジンラインナップを補充することが挙げられる。

Transform（変革）

　これは、期待そのものを変えるものである。カテゴリ内外のリーダーにインスパイアされるのではなく、満たされていない顧客のニーズの観察に基づいてインタラクションを導入する。ホテルの例で言えば、ムーブはミニバーを廃止し、5分以内に提供されるパーソナルバーテンダーサービスに置き換えるなどが考えられる。カテゴリの標準（ミニバー）からではなく、顧客のニーズ（リフレッシュメント）からスタートすることを意味する。このムーブは、後に振り返ってみて象徴的かつ時代を作ったという意味で「アイコニック」と評価される場合も多い。インターブランドではこの「アイコニック・ムーブ」を生み出すことが最もブランド価値を飛躍的に高め、事業成果を生み出すことができると考えている。

具体的なムーブス検討

　ムーブスは単なる組織内外でのコミュニケーションにとどまらない。取りうる事業活動のうち、トラジェクトリーを強化・推進し、顧客ニーズを満たす、期待を上回る、期待そのものを変化させるものを検討・実行していくものである。通常のブランディングでは、「社内浸透」「社外浸透」という"伝える点"にフォーカスが当たり、事業活動そのものを"変化させていく点"は、社内浸透の結果論として捉えられることが多い。日本企業の課題である「パーパスを発表だけでなく実践していく」ことを考えると、直接ここまで踏み込まなければならないと我々は考えている。

　そこで、従来の社内外浸透のコミュニケーションにとどまらないムーブスを紹介する。戦略アクション視点も例とともに解説するので、検討の参考にしてほしい。

▷ 組織カルチャーを変革する

　パーパスに向けてブランド体験を作るのは人であり集合体としての組織である。単に社内メンバーにパーパスを周知浸透していくのではなく、従業員体験や組織カルチャーを変革していくことは、ムーブス検討において初期に考えるべき視点である。社員のHuman Truthsを理解しながら行動変容をともに起こす仕掛けを検討していく。

味の素：個人目標発表会とＡＳＶアワード

　味の素では、「アミノサイエンス®で、人・社会・地 球のWell-beingに貢献する」という志（パーパス）の実現に向けたマネジメントサイクルを標準化し、その根幹にいる人財戦略に力を入れている。例えば個人目標発表会をグループ横断で実施し、自身の仕事がどのように顧客への提供価値とつながっているかを明確にした上で個人目標設定し、仲間の前で発表するなど推進している。そして、ASVを体現した取り組みのうち特に秀逸な事例を表彰する制度として、ASVアワードを創設し、ASVの理解・普及を進めるとともにベンチマークとなるような事例を集め、組織知として蓄積している。

参考：「味の素グループ ASV レポート 2023［統合報告書］」

オムロン：ＴＯＧＡ

　TOGA（The OMRON Global Awards）は、2012年に始まった企業理念実践の物語をグローバル全社で共有する仕組みで、2023年9月開催の「第11回TOGAグローバル大会」では、2022年度にエントリーされたグローバル6,930テーマ、のべ50,071人の中からゴールド・特別賞18テーマが選ばれるなど広がりを見せている。この取り組みに向けて社員自らが社会的課題の解決に向けた目標を立てることで、企業理念実践にチャレンジし続ける風土の醸成を進め、オムロン成長の原動力となっている。

参考：The OMRON Global Awards（TOGA）」（オムロンの Web サイト）

富士通：フジトラ(Fujitsu Transformation)

　パーパス実現のために富士通で2020年から始まったビジネス、業務プロセス、組織、風土の変革をカバーした全社変革プロジェクトであるFujitsu Transformation、略称フジトラ。富士通がお客様や社会のDXを支える企業となるためには、富士通自身が変革する必要があり、その姿をお客様や社会へ示し、リファレンスとなることで、社会に貢献していくことができると考えスタート。単なるDXプロジェクトではなく、社内の「変わらない」姿勢や組織文化に一石を投じてきている。

　「経営のリーダーシップ」「現場が主役 全員参加」「カルチャー変革」の3つのキーポイントとなる主軸があり、経営と現場が一体となり、全社・全員参

加で取り組む自己変革プロジェクトとなっている。

　また、DX Officerがグループの全ての主要部門やリージョンから参加していることで実行面でも組織の壁の打破が意図されている。フジトラでは、社員の誰もが当社グループが乗り越えるべき変革テーマを掲げ、仲間を募ってアクションを起こすことを奨励され、2022年度までに、150以上の変革テーマが設定されている。コミュニティへの参加人数も約9,000人に拡大し、3年間で1,000人の社内起業家の育成と新規事業の創出を目指すプログラムの企画と運営など取り組みが拡大している。また、本取り組みはLinkedInやnoteなどのSNSやHPを通じて社員が自ら社外に発信しており、社外に向けた富士通の変革イメージの醸成にもつなげている。さらにこの活動に加え、本人が実現したいキャリアプランを自律的に考え、異動や幹部社員昇格を目指す「ポスティング制度」、社内のZ世代社員が集まり2023年2月に立ち上がった「Fujitsu Gen Z Community」も、カルチャー変革を象徴するムーブメント。新しい発想で企業や大学とのコラボレーションを次々に実現させる「彼ら」となっている。

参考：「富士通統合レポート 2023」
参考：「2024 Brand Value Interview Fujitsu（インターブランドジャパンのwebサイト）」

顧客との関係を変化させる

　顧客はターゲットではなくブランドを一緒に作り上げるパートナーである。戦略アクション検討も顧客と継続して関係性を深めながら共に行うことで、単なるアンケートやヒアリングからは生まれないインサイトの発見が期待でき、真に顧客のための商品・サービスの開発を進めることができる。

良品計画：ものづくりコミュニティ（IDEA PARK）
　良品計画では2000年代初期から生活者の声を取り入れる仕組みとして、ものづくりコミュニティを創設し、商品開発に生かしてきた。現在はIDEA PARKという名称で、生活者との対話を通してモノづくりを進め、同時に良品計画の考え方を伝えていく活動を推進している。

享受価値ベースでの顧客体験構築

前述した顧客の「○○したい」という享受価値という観点から自社を捉え直し体験を変革することで、従来の業界・市場における顧客の期待とは異なる体験が生み出される。

スターバックス：Third Place

スターバックスは、生活者は家でも職場や学校でもない寛げる場所を求めているという価値を発見し、「Third Place（第三の場所）」として、長く居ても落ち着くソファや店舗音楽、親しみある接客、毎日通っても飽きないコーヒーやメニュー開発など、プレミアムコーヒー店としては考えつかなかった体験の構築を進めた。

チョコザップ：コンビニジム

人は「健康でありたい」「運動を適度にする必要がある」と思いながら、様々な「行かない理由」を考えてはトレーニングジムに通うことを習慣にすることができなかった。チョコザップは「コンビニジム」と銘打つその気軽さや価格体系に加えて、ランドリー、セルフネイル、カラオケの設置などにより行きたくなる体験を提供することで「行ったほうがよいけど面倒くさい」という負の理由を解消し、継続できる体験を提供している。

社会課題ベースでの事業を加速させるブランド開発

多くの企業が「事業を通じて社会課題を解決していくこと」を理念や事業計画の中で宣言している。しかし、真に経済的価値と社会価値を両立することは難しいのが現状である。特に顧客や社会がこれまでそのブランドに対して認知している領域以外へ踏み出しながら事業拡大する場合は、そのブランド自体への知覚イメージが新領域で事業を行うことへの認知不協和を起こし、立ち上がりが上手くいかないことが多い。その場合、事業ブランドを立ち上げることも1つの戦略アクションとなる。

富士通：Fujitsu Uvance

　富士通は「イノベーションによって社会に信頼をもたらし、世界をより持続可能にしていく」というパーパスの実現を目指す新事業ブランド「Fujitsu Uvance（フジツウ ユーバンス）」を2021年に策定。

　社会課題を起点として、クロスインダストリーでお客様の成長に貢献する事業モデルであり、サステナビリティ・トランスフォーメーション（SX）を加速させ、様々な課題解決に取り組んでいくことを目的としている。

　なぜ、富士通はあえてブランドをこの階層に作ったのか。富士通はこれまでの歴史から認知度は非常に高いものの、過去のハードウエア中心であったレガシーやITインテグレーターとしての評判により、DX領域での認識構築へのハードルがあったこと、そして業界横断して社会課題を解決するという新しいソリューションの在り方を説明するためにブランドを立てることを目的としたのではないか、と我々は推測している。

　富士通はUvanceブランドの浸透と事業展開をグローバルで急ピッチで進めてきている。前述のフジトラ活動と併せて実行されることで、富士通がパーパス実現のために本気で変革に取り組んでいるという評判が立ち始めており、長らく横ばいが続いていたブランド価値も併せて向上を続け2020年から2024年にかけて2倍近く増加している。

事例　ライオンのパーパスドリブン経営を実践へとつなげるトラジェクトリー「Positive Habits」

　ライオンはパーパスドリブン経営を標榜し、パーパスを経営戦略、社員の行動、事業活動に徹底的に落とし込む経営を推進している。ライオンのパーパスは、「より良い習慣づくりで、人々の毎日に貢献する（ReDesign）」である。毎日歯を磨くという習慣を根付かせる努力を進めてきたことで国民衛生に貢献し、かつ自社の経済的利益も生み出してきたなどという歴史から「習慣づくり」が自社ならではの独自アプローチであることを明確にし、特別な日ではなく、「毎日」に貢献するという焦点が絞られた非常にわかりやすい

パーパスである。これを経営層が本気で経営を通じて体現しようと、2030年のありたい姿「次世代ヘルスケアのリーディングカンパニー」とそれを実現するための経営戦略テーマ「Positive Habits」を設定し事業戦略に落とし込んでいる。この「Positive Habits」という経営戦略テーマは本章で紹介したトラジェクトリーの例として非常に参考になり、そのもとで実践される活動はムーブスの好例とも言えるため紹介したい。

Positive Habitsとは？

　ライオン統合レポート2024によると、「Positive Habits」についての以下のような説明がある。

　　習慣には積極的、能動的、前向き、意欲的な感情になれる「Positive」なものと、気が進まない義務的な感情になる「Reluctant（気が進まない、渋々な）」なものが存在します。私たちがより良い習慣づくりにおいて最も重要視すべきことは、その習慣提案によってお客様が「Positive」になっていただけるか否か、です。なぜならば、「Positive」な感情には、人々の習慣をより良いものに変える、社会価値・経済価値の両方を同時に生み出す力があるのです。（中略）…もし、すべての人のオーラルケア習慣に対する感情を「Positive」なものに変えることができれば、人々の口腔環境を改善するといった社会的な意味があるだけでなく、それぞれの習慣はそれぞれ100億円規模の経済価値拡大にも貢献することができるのです。

　　今後はアジアの人々において、オーラルケアだけでなく、手洗い、衣類のお洗濯、お掃除、身体の不調を整えるといったさまざまな習慣においても、「Positive」の効用を解き明かすことで、私たちの提案の確度を上げていきたいと思います。

　習慣づくりのエキスパートを目指すライオンは、選定した領域において「Positive Habits」を創出することを通じて、そこに辿り着こうとしている。

　Positive Habitsがどのように事業戦略・活動につながっているのか？

　統合レポートによると、「Positive Habits」を「狙って」「連続的に」生み出すために、いくつかの進化を図っている。例えば、こんな記述がある。

ひとつは、「Positive Habits」をつくり出す組織能力の向上です。習慣づくりを実現するために「習慣の研究」「習慣の創造」「習慣の評価」、これら3つのプロセスを統合的に推し進めるとともに、このプロセスに対してマーケティング、研究部門だけでなく、全社各部門が現有のノウハウ・組織能力をさらに強化・進化させることで、「Positive Habits」を連続的に創出しうるプロセスに昇華させていきます。

　この記述がある通り、全ての部門において、この組織能力の構築と社外に向けた実践が図られている。また、ビジネス開発に関する言及もあり、習慣づくりの進化、拡大に向けて、従来型のアプローチをどう進化させていくのかという点が明確になっていることがわかる。さらに、具体的な戦略アクションにおいては、パーパスに基づいた人事評価制度の導入、習慣を科学するライオンデジタルトランスフォーメーション活動「LDX」、前向きな予防習慣づくりを後押しするために「LIONオーラルヘルスイニシアチブ」と総称し子供の予防歯科ソリューション事業「おくち育」、法人向けのウェルビーイングサポートサービス「おくちプラスユー」など、人々の行動変容を仕掛ける数多くの様々な「Positive Habits」づくりが実践されている。
　この経営戦略は2022年に策定されたものであるが、2023年12月に就任した竹森征之社長は統合レポート2023において、さらに活動を強化していくことをこう宣言している。

　これから私が実現したいことは、この土台を最大限に活用し、「商品」と「サービス」の融合を強力に先に仕掛け、加速度的に日本を含むアジアの人々の毎日をPositive Habitsで埋めつくすことです。

　活動自体まだ始まったばかりであるが、このパーパス実現に向けた経営戦略テーマと一連のアクションがどのようにライオンというブランドの評価を向上させ、新しい姿が浸透するのか楽しみである。

第6章｜リーダーシップによる軌道描画「トラジェクトリー」とその実現アクション「ムーブス」｜　177

Human Truths
アプローチ・ツール例

☐ トラジェクトリーとムーブスは共創する

　トラジェクトリーとムーブスは、ブランドがアンビションを実現するための具体的なアプローチだ。だからこそ、社内の精鋭メンバーが集まって、社外に情報の洩れない、安全な空間で設計したいという気持ちになるだろう。

　しかし、この重要な局面を、社内の人間だけで進めていくのは、実はとても危険なことだ。その理由は3つある。

　1つ目の理由は、社内の人間が顧客をはじめとする、ブランドを取り巻くステークホルダーの視点を、100%理解し、咀嚼するのは非常に難しいことだからだ。そのために、多くの企業がいわゆる消費者調査を行ったり、その他のステークホルダーにインタビューなどの形で意見聴取を行ったりしている。また、その手法も数多く開発されている。それでも、ブランド構築のために、ステークホルダーについて知らなければいけないことはあまりに多く、「いくつかの調査でカバーできる」と考えるのは「危険」と言っていいだろう。

　2つ目の理由には、時間の制約がある。今日では、どのブランドにおいても、「時間」がとても大事な要素であることは理解に難くないだろう。情報化が進展した現代において、顧客のニーズは目まぐるしく変わり続ける。そ

れに対して、私たちはいち早く、顧客の期待に応え、その期待を超えていく必要がある。顧客やステークホルダーに調査を行い、その内容を分析し、ブランドの方針について仮説を立て、それを検証していく……。このような従来型のウォーターフォール型のプロセスでは、時間がかかりすぎ、現代に求められるスピード感とアジリティに応えることは難しい。

3つ目の理由は、そもそも「調査」や「インタビュー」と言われ、知ることができるものはとても限られていることである。従来型の調査はその多くが、言語コミュニケーションに頼っている。つまり、定量調査であれ、定性調査であれ、「言葉で回答を得る」ことに力点が置かれているのだ。

前述の通り、人間が自分の心理や行動を言語化できるのは、それを意識し、認識している場合だけである。人は、多くの行動について、無意識下の動機や心理に大きく影響されている。だから、言語に頼っていては、顧客の心理を正しく捉えることができないのだ。もちろん、エスノグラフィーなど、言語に頼らない観察的手法も数多く開発されている。ある場面ではそれらの手法は非常に有効である。一方で、そこで得られるのは実際に起きていて観察できる事実に限定される。そこでは顧客が本当にほしいものや、心の底で感じている潜在的な欲望や不安を見つけることはできず、観察者が解釈を加えることが必要とされる。

以上がトラジェクトリーとムーブスを「社内の人間だけ」で進めることが危険である理由だ。どれも一朝一夕で解決できる課題ではないが、3つ目の理由である「調査やインタビューの方法」については、打開策がある。

顧客やステークホルダーと「共創する」

顧客の心理を捉えるために、調査やインタビューを行うことは一般的だと思うが、それには「ブランドに関わる顧客やその他のステークホルダー」とともに「共創する」ことの重要性を紹介したい。つまり、顧客やステークホルダーに対し「声を聞き、解釈を加え、解決策を提示する」手順を踏む代わりに、「一緒に作ってしまう」というアプローチである。このように言うと、

多くの読者が「お客さんの声を聞いて、その通りの商品を作っても、売れる商品にはならないのではないか」という疑問を抱くと思う。そのような疑問に対し、ここではインターブランドの手法「オープンキッチン」を紹介しよう。

顧客の声を商品にする「オープンキッチン」

「オープンキッチン」はインターブランド独自のステークホルダーとの共創ワークショップである。ブランドに携わる社員、顧客、テーマに関するエキスパートなど、異なる立場の人々が一堂に会して、革新的なアイデアを創造することが目的だ。

　社員と言っても、ブランディングに関わる社員に限定するのではなく、例えば開発担当者や、営業担当者など、異なる立場の社員が参加するほうがいい。異なる立場の人が集まれば集まるほど、ブランドを様々な角度から見ることができ、視点の取りこぼしを減らすことができるからだ。

　ワークショップの流れや、取り組むワークはテーマやゴールによって異なるが、大きな枠組みとしては「関係性構築」→「インサイト理解」→「アイディエーション」→「プロトタイピング」の流れで行われる。

　最初のステップである「関係性構築」は特に丁寧に行われる。通常のワークショップやインタビューでは、数分の自己紹介やアイスブレーキングで済まされることが多く、時間を削られやすいステップであるが、ここで、どれだけ参加者にリラックスしてもらい、これからのワークにワクワクしてもらうかは、ワークショップ全体の可否を左右すると言っても過言ではないだろう。

「インサイト理解」は読んで字のごとし、であって、実はそうではない。このステップは次の「アイディエーション」への欠かすことのできない準備運動と位置付けられる。ここでは、インサイトを聴取すること自体が重要なのではなく、参加者が自分の気持ちを振り返り、言葉にして、無意識下にある心理を意識の領域に引き出し、認識することにある。これが、新しいアイデアを共創するにあたってのインプットとなる。

「アイディエーション」は単純なブレインストーミングではなく、様々な遊び心あるゲームやワークによって行われる。それをビジュアルや道具を使ってプロトタイピングしていく。

　ただし、ここで気をつけなければならないのは、アイディエーションで出てきたアイデアやプロトタイプそのものを商品化するとは限らない、ということである。

　アイデアやプロトタイプは、その時点で参加者が考えついたものにすぎない。むしろ、「そのアイデアやプロトタイプに辿り着いた理由、その裏にある根本的な悩みや願い」に目を向けるためにプロトタイピングを行う。このように言うと、「共創」という概念と一見矛盾して聞こえるかもしれない。

　しかし、スティーブ・ジョブズは「多くの場合、人は形にして見せてもらうまで自分は何がほしいのかわからないものだ」と言っていた。T型フォードを開発したヘンリー・フォードは「もし私が顧客に何がほしいと聞いたなら、人々は『もっと速く走る馬がほしい』と答えただろう」と述べている。あくまで、顧客は答えを知らないのだ。しかし、顧客はその心の中に、言語化できない、モヤモヤとした不安やストレス、夢や欲望（つまりは前述の"Tension"）を持っている。

　この「共創」のアプローチは、この顧客の"Tension"を探すプロセスとして、「言語」を使うのではなく、「実際にほしいと思うものを描いてもらう」プロセスなのだ。通常のプロセスでは、多くの場合、私たちは顧客にどんな未充足ニーズがあるか「聴き」、それをコンセプトとして「言語化」してから、その実体化としての商品や、デザインを作る。

「共創」は、そのプロセスをいわば逆立ちさせたようなもので、まず顧客に「自分がほしいもの」を作ってもらい、そこからその「理由」を紐解いていくプロセスだ。なぜなら、人は、自分が本当にほしいものを、正確に言語化することは不可能に近いからだ。例えば、こう問いかけるとイメージしやすいかもしれない。「なんだかモヤモヤした時、なんとなく所在なく感じた時、どうしようもなく浮かれた気持ちになった時、その気持ちと、その原因・理由を正確に言葉で人に伝える（それも赤の他人に！）自信があるだろうか？」

　ワークショップの計画にあたっては、参加者に「参加に対する謝礼（現金やギフトカード）をもらうこと以外の楽しみや喜び」をいかに感じてもらう

第6章｜リーダーシップによる軌道描画「トラジェクトリー」とその実現アクション「ムーブス」｜　181

かを設計することも大切である。

　例えば人は、金銭的報酬だけでなく、「自分の意見を人に聞いてもらいたい」「新しい学びを得たい」「世の中になんらかの変化を与えたい」といった様々な潜在的な欲求を持っている。これらの欲求を満たすことによって、参加者に「謝礼がもらえるから適当にいいことを言っておこう」という心理から離れて、本気でワークショップに参加したい、と思ってもらうことができるのだ。

第7章

ブランド体験を構築する要素

イントロ

　ここまで説明してきたのはロードマップに含まれる個別要素であったのに対し、エキスペリエンスとはロードマップの全体（つまりはブランドの全体）に適用されるべきファンダメンタルな要素（図7−1）。「ブランドがどのように、顧客に認知／知覚されたいのか？」に始まり、全てのブランド体験に差別性と一貫性を持たせ、顧客との深い絆を築き、最適に価値を蓄積するための仕組みを指す。第3章で触れたように、体験の中でも我々インターブランドは均質化する恐れのある顧客体験に対し、ブランド「らしさ」を体現するブランド体験こそが価値の蓄積や顧客との絆の構築に効果的であると考えている。本章では、「らしさ」が生まれるメカニズムや、それをブランド体験として落とし込む上での具体的な手法について紹介していきたい。

図7-1 ｜ エキスペリエンス

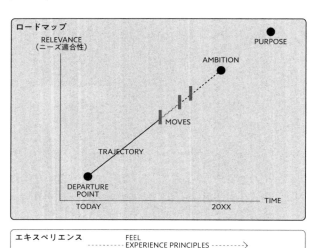

「らしさ」が
生まれる瞬間

　みなさんは、メタリックとウッドのテクスチャが交わった、整理された空間を見た時に、アップルを連想することがないだろうか？　あるいは、緑の丸がプリントされたカップを見かけた時に、それがスターバックスかもしれないと感じたことはないだろうか？　街を歩いている時に漂ってくる香りからラッシュの店舗が近くにあるように感じることもあるだろう。これらの経験は、確証がなくても簡単にブランドを思い出させる力を示唆している。

　また、ブランドを選択する際の理由についても考えてみるべきである。例えば、丸亀製麺を訪れる理由が、単に値段や味だけではなく、ライブキッチンで調理される様子を見る楽しさにあるとしたらどうだろうか？　あるいは、グーグルを常に第1選択として使うのは、そのシンプルさとミニマルなデザインが余計な情報を排除しているからかもしれない。

　このように、人々は無意識のうちに、そして感覚的にブランドを知覚している場合が圧倒的に多い。こうした無意識下での情報知覚を解き明かし、何が「らしさ」を感じさせるのか、このフォーミュラを追求することが自然発生的であった「らしさ」をコントロールし、ブランドとユーザーの間に強い結びつきを生み出すために不可欠になる。商品にロゴを貼り付けるだけでブランドとして成立していた時代と比較して、情報が氾濫しタッチポイントがますます複雑化した現代においては、「らしさ」を体現するブランド体験こそがブランドを構築する最も重要な手段となっているのである。

　例えば、店舗やイベント、オフィスなどの物理空間やメディアにおいては、視覚的要素だけでなく、音楽や香り、触感など多岐にわたる要素を組み合わ

第7章 | ブランド体験を構築する要素 | 185

せることで、顧客にとってのブランド体験を深めることができる。

　ドン・キホーテの雑然としたレイアウトの例はすでに紹介したが、店舗内で流れる歌の存在感も忘れてはいけない強烈なアセットとなっている。複数の感覚の特有の組み合わせによって一貫性のあるブランドらしさを訴える体験となり、人の気持ちを、心を動かすことが肝要である。

　さらに、顧客のフィードバックを収集し、それをもとにブランド体験を向上させるための改善策を講じることも大切だ。顧客との対話を通じて、ブランドがどのように感知されているのかを理解し、その期待に応えるための施策を実施することで、より強固な関係を築くことができる。このようにして築かれたブランド体験は、単なる製品やサービスの利用にとどまらず、ブランドそのものに対する信頼や愛着を育む要素となるのである。

　ブランド体験の設計と実施は、今後ますます重要性を増していく。情報過多の時代において、差別化された価値を提供するためには、五感に訴える豊かな体験を通じて、顧客と深い関係を築くことが不可欠である。これこそが、ブランドの真の力を引き出し、持続可能な成長を実現するための鍵であると考えている。

なぜブランド体験が
有効なのか？

☐ 1．顧客との深いレベルでのつながりを築く

　ブランド体験は顧客との深いレベルでのつながりを構築するために極めて有効である。これは何も、「あるブランドがないと生きていけない！」というような呪縛的なモノではない。五感を通じて想起されるカフェの香りや音楽が心地よく、「ついいつもそのカフェを選択している」というような無意識下での意思決定に影響するものだ。これがブランド体験の力であり、顧客はこれによってブランドに対する強固なロイヤルティを築く。

☐ 2．柔軟で高効率なコミュニケーション

　次に、ブランド体験、特に後述するFeelの考え方はコミュニケーションの手法を広げ、より柔軟かつ高効率なものにする。ロゴの配置や色合いの選定といったテクニカルな問題に取り組むことも重要だが、それだけでは不十分である。

　視覚だけにとどまらない領域でもブランドの「らしさ」を再現することができれば、コミュニケーションの幅は広がっていくだろう。

第7章｜ブランド体験を構築する要素｜　187

3. 感情に訴えかける

　最後に、人間は理性だけで動く存在ではない。どれほど崇高な理念を掲げようとも、最終的には感情によって行動が決まる。

　そこで、五感を刺激するブランド体験が重要となる。感情に訴えかけることができて初めて、ブランドは顧客の行動変容を促すことができる。

　以上のように、ブランド体験は単なるマーケティング戦略を超えて深遠な顧客との関係性を築くための手段である。顧客にとってのブランドは、単なる製品やサービスの提供者ではなく、生活において欠かせない存在となる。これがブランド体験の真の力であり、それを理解し活用することが、現代の競争激しい市場において成功するための鍵である。

どのように優れた ブランド体験を 生み出すか？

　では、ブランド体験を意図的に、戦略的に実施するための具体的な手法となる3つの要素について説明していこう。

要素1：Feel　ブランドの「らしさ」の感覚
要素2：Experience Principles　常に期待に応えてくれる一貫性
要素3：Signature　唯一無二の象徴要素

　Feelによって感情的な絆を強化し、Experience Principlesによって一貫した価値を提供し、Signatureによって独自の個性を際立たせたブランド体験は、顧客と強く結びつき、記憶に強く焼き付けられるようになる。次からは各要素の詳細を説明しよう。

▷Feel ブランドの「らしさ」の感覚

　Feelとは、顧客との間に起こる全てのインタラクションや動作を通して一貫して伝わる、間違えようのないブランドの「らしさ」の感覚である。この感覚は、単なる視覚的なものにとどまらず、顧客がそのブランドと触れ合う全ての瞬間において体験するものだ。
　従来のブランディング論では、コーポレートアイデンティティ（CI）やビジュアルアイデンティティ（VI）といった揺るぎないアイデンティティの構築に重点が置かれてきた。強固なアイデンティティを持つことは今日も重要

第7章｜ブランド体験を構築する要素｜　189

なポイントだが、それだけでは不十分である。

　アイデンティティの構築が「顧客に自分たちが何者であるか」を伝える「Who we are」を主体的に語ることだとすると、顧客に自分たちをどう感じてほしいか、体験してほしいか、というインタラクションまで設計し、直感的にそのブランドの暗黙知としての「らしさ」を印象付けることが、今日の顧客との関係性においては重要性を増しているのだ。

　体験によるアプローチは、顧客の感情に深く訴えかけるため、ブランドへの信頼や愛着をより強固にすることができる。同時に、マルチメディア化し、ブランドを知覚する場面が多様化している現代では、視覚や聴覚をはじめとした五感に訴えかけるアプローチがブランド伝達の上でも全体最適へとつながっていくのである。これにより、ブランドは単なるロゴやデザインを超え、顧客の生活全般に浸透する存在となる。

　人間は、視覚や聴覚、嗅覚などの五感を通じて様々な情報を取得し、対象を認知している。その中で、意識下に対して無意識下での情報取得率は90％を占めると言われている。我々は、この90％の領域でこそブランドの「らしさ」が認知されていると考え、効果的に五感全体を刺激することで、より深いレベルで顧客とブランドをつなぐ仕組みとしても、Feelが有効であると考えている。つまり、顧客が何気なくブランドと接触する場面――例えばSNSでの投稿、広告、店舗のディスプレイ、さらには製品そのものの香りや触感に至るまで――これら全てが統一されたブランド「らしさ」を提供するものでなければならない。これによって、顧客はブランドの一貫性を感じ、信頼と共感を生むのである。

　さらに重要なのは、五感を刺激することが、感情に直接訴えかける力を持つ点である。感情に強く訴えかけることで、ブランドは顧客に忘れがたい体験を提供し、長期的なロイヤルティを築ける。このようにして、ブランド体験は顧客の心に深く刻まれ、帰属意識を強化する役割を果たす。

　総括すると、Feelとは、ブランドの五感に訴えかける一貫した「らしさ」を通じて顧客との深い結びつきを築くためのアプローチである。そしてそれが今日のブランディングにおいて不可欠であると言えよう。

　このアプローチを効果的に活用することで、ブランドは競争激しい市場に

おいても独自のポジションを確立し、持続的な成長を遂げることができるのである。では、これをどのように定義するのかを説明していこう。

Experience Metaphor

まず、ブランドのFeelを一言で喩える方法論であるExperience Metaphorを紹介する。

Contextual Feeling

はじめに、「今の」顧客がブランドを知覚するとどう感じるか、「Contextual Feeling」から考えてみよう。

これは、現状の顧客がブランドと接する際の感情や認識を理解することだ。このステップでは、ブランドが現在どのように受け取られているかを詳細に分析することが求められる。顧客のフィードバックや市場調査をもとに、現状の「Contextual Feeling」を明確にすることで、ブランドの現状評価を把握する。

Desired Feeling

次に、「これからの」顧客はどのように感じることを望むのか、「Desired Feeling」をHuman Truthsの視点を交えて考えてみる。このステップでは、未来の顧客が期待するブランド体験を予測し、その望む感情や体験を設計する。顧客の意識変化を探ることかもしれないし、新たなターゲット層の価値観を見つける必要があるかもしれない。Future castingやトレンド分析を取り入れて、ブランドの進化を検討する。

そして、ブランドが「何によって」その感覚を想起させることができるかを定義する。この際、具体的な製品やサービスだけでなく、提供する価値に基づいて考えることが重要だ。ブランドがどのようにして感覚的な一貫性を保つのか、その手法を明示することが求められる。

Persona

それから「Persona」を設定する。顧客の望む変化を提供する時、ブラン

第7章｜ブランド体験を構築する要素｜　191

ドのキャラクターはどのようなものになるのかを考えよう。例えば、果敢に挑戦する勇者であるのか、静かに知識をもたらす哲学者なのか。人格アーキタイプとの組み合わせも有効である。Persona設定はブランドのキャラクターをより具体的にし、一貫性のあるコミュニケーションを可能にする。このステップでは、ブランドの人格や価値観を明確にし、それがどのように顧客との関係性に影響するかを考査することが求められる。

Experience Metaphor

　最後に「Experience Metaphor」を決める。ひと言で言えば、そのブランドのもたらす体験を何と喩えられるのか。ここで考えるフレーズはクリエイティブに直結するものであり、インスパイアリングで表現のジャンプボードになるようなものを目指そう。先に触れた「Trajectory」と関連させることで、ブランドの推進力を高めることも生じる。これはキャッチコピーを考える作業にも似ているが、優れたキャッチコピーはそこにブランドらしい世界を携え、ブランドを前に進めるものである。例えば、アップルの「Think different.」のように。

　ここまでの一連の流れを示したのが、図7‒2である

図7-2 ｜ Feelを喩える方法論

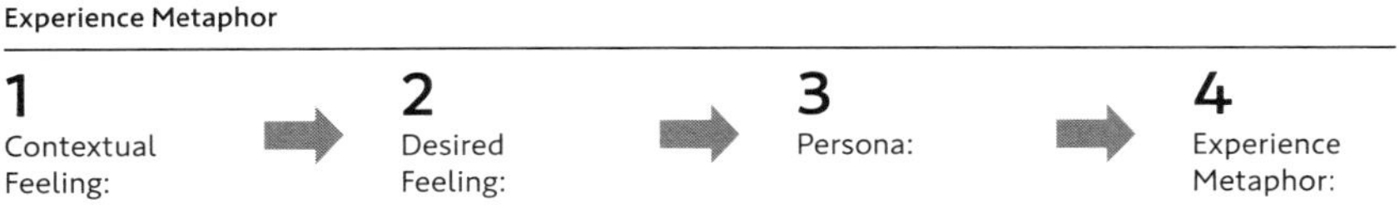

Experience Metaphor

1	**2**	**3**	**4**
Contextual Feeling:	Desired Feeling:	Persona:	Experience Metaphor:

　また、補足的に取り入れることでFeelの臨場感を高める要素として、「Place」「Mood」「Time」についても考えてみよう。物理的な場所、特定のムード、時間の組み合わせを考えることで、ブランドに対する豊かで質感のあるFeelを想起させることができる。例えば、The Prince Akatoki Londonでは「Experience Metaphor：Poetry at Dawn」をよりイメージしやすくするために、「Place：Japan」「Mood：Awaking」「Time：Dawn」という設定を活用している（図7‒3）。これにより、ブランドは特定の感覚を一貫して伝えることが可能となり、顧客に強い印象を残すことができる。

図7-3 | The Prince Akatoki LondonのExperience Metaphorの事例

Photo（右上／左下）：Nick Bowers

　ブランドの明確なFeelを確立することは、新たなアリーナへ挑戦するためにも重要である。例えば、Apple Card（アップルカード）のように、ブランドがそれまでの常識を否定し、新たなCategoryをもたらすこともありうる。Apple Cardは、従来のクレジットカードの概念を覆し、シンプルで透明性のある金融サービスを提供することで、新たな市場を開拓した。このようなブランドの革新は、Experience Metaphorが持つ力を示している。

　総じて、Experience Metaphorはブランドの核心をひと言で表現し、その価値と感覚を直感的に伝える強力な手法である。このプロセスを通じて、ブランドは顧客との深い関係を築き、競争力を高めることができる。

　そして、ブランドがどのようにして顧客の生活に溶け込み、持続可能な成長を遂げるかの鍵となるのである。

▢ Experience Principles　常に期待に応えてくれる一貫性

　Feelが曖昧なブランドの「らしさ」に迫る要素であったのに対し、Experience Principlesは、より具体的に体験に明確さと一貫性を持たせるものである。Experience Principlesの目指すところは、ブランド側の「こういう体験を提供したい」という意志ではなく、顧客の「こんなふうに感じたい」

という期待を中心に据えることで、その期待を飛び越え、未来の体験へとシフトするように設計されている（図7-4）。具体的には、以下の3つのステップでExperience Principlesを策定する。

図7-4 | Experience Principlesの策定方法

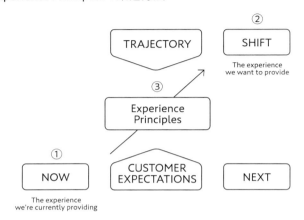

1. NOW：Departure Point - 現状の体験評価

まず初めに、現状の体験を分析する。

これは「NOW」のフェーズであり、ブランドが現在どの程度顧客のニーズを満たしているかを評価するものである。現状評価には、顧客からのフィードバックやデータ分析が役立つ。例えば、顧客満足度調査やネットプロモータースコア（NPS）などの指標を用いて、ブランドがどの程度顧客の期待に応えているかを明確にする。また、クリエイティブプロフェッショナルの観点から実施するExperience Auditも有効だ。これらの分析によって、現状のExperienceの強みと弱みを洗い出すことができる。

2. SHIFT：必要なシフトの特定

次に、必要なシフトを特定する「SHIFT」のフェーズに進む。

ここでは、現状分析をもとにして、ブランドがどのようにして顧客の期待を超え、未来の体験を創造できるかを考える。この段階では、ブランドのTrajectory（進むべき方向性）に沿ったExperienceの未来像を予測する。この

プロセスでは、トレンド分析や競合他社の動向を参考にすることが重要である。また、顧客インサイトや市場の変化に柔軟に対応するために、シナリオプランニングを行うことも有効である。

3. Experience Principles：体験指針の策定

最後に、これらのシフトを容易に促進するための「Experience Principles」のフェーズに入る。例えば、顧客が求めるものが「シンプルさや透明性、パーソナライゼーション」だった場合に、「どのような体験が必要になるか？」「それらを包含する指針は何か？」など、Experience Principlesは、ブランドが提供する体験のガイドラインとして機能し、顧客の期待を超える体験を一貫して提供するための指針となる。

下記の図7-5は、現状から将来に向けてのシフトを理解し、そのためのPrincipleを導き出すためのフレームワークである。このフレームワークを用いることで、ブランドは具体的なアクションプランを策定しやすくなる。また、体験のシフトを考える際には、ブランドのTrajectoryにアラインしているかどうか、Experience Principlesを考える時には、FeelやExperience Metaphorに接続されているかをチェックすることも重要である。

図7-5 │ 将来に向けてのPrinciplesを導き出すフレームワーク

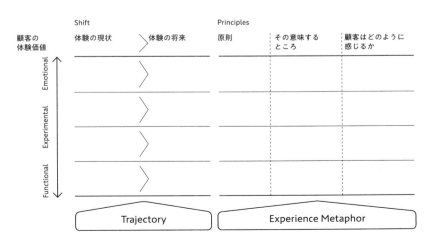

Experience Principlesの策定において、顧客の体験価値やブランドが提供すべき体験は多岐にわたるため、単一のプリンシプルでは不十分である。3〜5つのセットを設定することで、ホリスティックな体験が計画され、実行される。この多層的なアプローチにより、ブランドは複雑な顧客のニーズに柔軟に対応し、一貫性のある高品質な体験を提供することができる。

▷Signature　唯一無二の象徴要素

　これまでのアイデンティティやブランドアセットと呼ばれる要素は、パズルのピースのようなものであった。差別化を図るために個性的なパーツを用意し、それを複雑に組み上げるプロセスが目的化してしまっていたことは否めない。しかし、本来のブランド戦略では、顧客にブランドの「らしさ」を一瞬で知覚させる結果から逆算する必要があったのではないか。ブランド知覚の際の重要な要素であるMemorability（覚えやすさ）、Flexibility（柔軟さ）、Beauty（美しさ）を兼ね備えることが求められる。これらを満たす新しい設計思想に基づいて生まれる象徴的ブランドアセットが「Signature」である。

Signatureの重要性と設計思想

　図7−6を参照すると、ブランドアセットはPrimaryとSecondaryに大別される。Primaryアセットはブランドのコア要素となるもので、Secondaryアセットはそれを補完する要素である。これらの中で、記憶しやすく、柔軟に運用できるものがSignatureとなりうる。これは、ブランドの本質をひと言で表現したり、ひと目で理解させる力を持つ要素である。次に、優れたSignatureを構成する3つの条件を紹介する。

Memorability（覚えやすさ）

　1つ目は、顧客にブランドを瞬時に認識させ、記憶に残すことができるかどうかの指標となるMemorabilityだ。これは、ブランドの視覚的要素や音声、香りなど、五感に訴えかける要素によって実現される。例えば、ナイキの「スウッシュ」ロゴや、マクドナルドの「ゴールデンアーチ」は、これらの要素が強固なMemorabilityを持つため、誰もが一瞬で認識できる。

Flexibility（柔軟さ）

2つ目は、ブランドアセットが様々なコンテクストやメディアで一貫して運用できるかどうかに関わるFlexibilityだ。多様なメディアやプラットフォームにおいても、そのブランドアセットが同じ印象を与えることが重要である。

例えば、コカ・コーラの「赤と白のロゴ」は、テレビCMやSNS、パッケージデザインなど、どのコンテクストでも一貫して運用され、強力なブランドイメージを維持している。

Beauty（美しさ）

3つ目のBeautyは、視覚的な美しさだけでなく、全体としての調和や優雅さも含んでいる。美しいブランドアセットは、顧客にポジティブな印象を与えると同時に、ブランドの価値を高める。

アップルの製品デザインやパッケージングは、そのシンプルさと洗練された美しさで知られており、ブランドの高品質なイメージを強化している。

図7-6 | Signatureの考え方

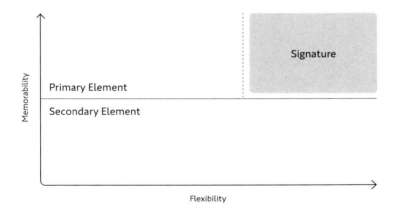

Signatureのテスト方法

Signatureを判断するためには、Brand Mimickingテストが有効である。

Brand Mimickingテストとは、その要素を全く異なるプロダクトやメディアに適用した時に、瞬時にそのブランドであることが知覚できるかどうかを検証するテストである。ひと目でブランドがわからず、説明が必要な場合、その要素はSignatureとして機能していないので再考が必要となる。

このテストを通じて、ブランドの一貫性と認知度を高めるための強力な道具となることが確認される。

新しいアリーナへの挑戦

これらの条件を備えるSignatureは、Feelと同様、新しいアリーナへ挑戦する際にも、そのブランドらしさを強力にバックアップすることができる。

新しい市場やカテゴリーに進出する際、強力なSignatureはブランドの一貫性、想起性を保ちながら、新しいターゲット層にも強く訴求する。

このようにして、ブランドは既存の市場での強みを生かしつつ、新たな機会を追求し、持続的な成長を図ることができる。

ブランド体験は
BtoB企業には必要ない?!

　日々クライアントと相対する中で、「うちはBtoB企業だから、ブランド体験は重要じゃない、いい製品を作ることこそが重要なんです」といった声をよく耳にする。このような誤解は、ブランド体験が広告代理店が主導するようなキャンペーン上の仕掛け程度のものと認識されている場合によく起こる。

　しかし、この考え方は大きな間違いだ。たしかにBtoCに比べBtoB企業の商流では、顧客がブランドを直接体験する接点が少ないことは否めないが、その数少ない接点が顧客にとって非常に重要なブランド体験を形成している点を認識すべきである。BtoB企業のブランド体験として、顧客が接触する可能性のあるポイントは多岐にわたる。例えば、Webサイトのユーザーエクスペリエンス（UX）、営業資料のクオリティ、さらには顧客対応を行う社員の振る舞いなどが考えられる。これらの接点には、Feel、Experience Principles、Signatureが重要な役割を果たす。適切に接点を把握し、体験価値をコントロールすることで、下記のような影響を生み出すことができる。

意思決定における感情の影響

　BtoB取引においても、意思決定は必ずしも論理的な判断だけではない。

　購買担当者は、製品やサービスの機能やスペックだけでなく、ブランドイメージや企業理念、担当者との信頼関係なども考慮して意思決定を行う。

　例えば、ある製品が技術的には他社製品とほぼ同等であっても、ブランド体験が優れている企業に対して購買意欲が高まることがある。ブランド体験

の質の向上は、これらの感情に働きかけ購買意欲を高める効果を生み出す。

顧客ロイヤルティの向上

　ブランド体験は、ブランドと顧客の間に深いレベルでのつながりを築くことができる。顧客がブランドに対してポジティブな感情を持つことで、顧客ロイヤルティが向上し、リピート購入や口コミによる顧客獲得につながる。

　特にBtoB市場では、一度の取引が長期的な信頼関係に基づくことが多いため、顧客ロイヤルティの向上は持続的なビジネス成長に直結するという点でもBtoB企業において非常に重要な指標だ。

差別化戦略としての活用

　競合がひしめくBtoB市場において、差別化戦略は非常に重要である。特に機能的価値において一進一退を繰り返す状況では、継続的な差別性を生み出すことは難しい。しかし、他の企業とは異なる独自のブランド体験を提供することで、「差」ではなく「違い」を顧客に提供できる。この「違い」は、顧客にとってブランドを選択する「意味」として深く刻まれる。

従業員エンゲージメントの向上

　ブランド体験価値の向上は、顧客からの評価を肌で実感する従業員にもポジティブな影響を与える。従業員が企業に対して愛着を持つことで、モチベーションが向上し、生産性の向上が期待できる。

　例えば、顧客からの高評価や感謝の言葉は、従業員の働く意欲や自信につながり、結果として企業全体のパフォーマンスを高める要因となる。

　このように、ブランド体験は顧客とブランドをつなぐ強力なツールである。五感に訴える魅力的なブランド体験を主体的かつ戦略的に構築すれば、ブランド認知度を向上させ、顧客ロイヤルティが高まる。BtoB企業においても、少ない接点で顧客がブランド体験をどう感じるかが非常に重要であり、テクニカルなスペックや機能だけに依存せず、ブランド体験の設計と管理に注力すべきである。ブランド体験の質を高めるための投資は、短期的な効果だけでなく、長期的なビジネス成長にもつながり、その価値は計り知れない。

ブランド体験構築の ためのHuman Truths テクニック

　ここまで語ってきたエクスペリエンスの中で、顧客がどのようにブランドを体験するかを定義するカスタマージャーニーの有効性は広く知られるところだが、ここではHuman Truthsを活用し、より効果的なテクニックを紹介したい。

▷ Magic and Miserable Moments

　企業が顧客体験を向上させるためには、顧客体験に変化をもたらす「瞬間」を特定することが重要である。この目的を達成するために、有効な手法が存在する。白いロール紙にカスタマージャーニーを書き出し、「Magic and Miserable Moments（素晴らしい時間と惨めな時間）」を特定することである（図7-7）。これにより、顧客体験の変遷過程を視覚的にマッピングし、顧客が感じる喜びや不満を具体的に把握することができる。

図7-7 | 顧客体験の変換過程を見える化

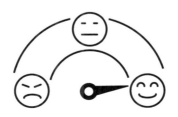

【やり方】

　白いロール紙にカスタマージャーニーを書き出し、Magic and Miserable Moments（素晴らしい時間と惨めな時間）を特定して、顧客体験の変遷過程をマッピングしてみる。そして下記の問題に取り組みリスト化してみよう。

Q. When is the magic moment?
顧客が喜ぶのはどんな時か？　またその理由は？

Q. When is the miserable moment?
顧客がイライラする／沈み込むのはどんな時か？　またその理由は？

　リスト化したそれぞれのMagic Momentsについて、ブランドがその時間をさらによくするための方法を策定する。また、可能であれば、ジャーニーの他の段階でもこのMagic Momentsを再現する方法を検討する。
　一方、Miserable Momentsについては、対処するための解決策や回避策を策定する。例えば、顧客が長い待ち時間に不満を感じるならば、効率化するためのテクノロジー導入を検討する。また、顧客がサポートスタッフに対して不満を抱いている場合は、スタッフのトレーニングを強化するなどの具体策が考えられる。

【ヒント】

　顧客のジャーニーをマッピングする時、購入過程に焦点を当てるのではなく、ブランドに関わる接点の全てを網羅する。これにより、顧客がブランドと接触する全ての瞬間を把握し、全体的な体験を向上させる施策を打ち出せる。ポジティブ／ネガティブにかかわらず、競合相手にはない「ブランド独自の瞬間」を特定しよう。例えば、特定の商品が顧客に特別な感動を与える瞬間や、他社にはないユニークなサービスを提供する瞬間を見逃さないようにする。

COLUMN

サステナブルなブランドデザインの未来

　私たちは、気づけば未来に向けた一歩を日々積み重ねている。それは、見えないほど小さな一歩かもしれないが、確実に世界を変えている。特に企業やブランドは、デザインという形を通じて、この未来をどう作り出していくかが問われている。環境や社会に対する責任がデザインに込められ、その姿勢が消費者にどのように伝わるかが、今後のブランドの在り方を決定付ける。

　ここでは、サステナブルなブランドデザインがどのように未来を形作っているのか、7つの重要な要素を通じて具体的に考えてみる。これらの要素を取り入れたブランドの取り組みが、どのように私たちとつながり、未来をともに創造しようとしているのかを北欧諸国の事例を交えて見ていきたいと思う。

1. 循環型デザインの採用

　サステナブルな未来を考える上で、循環型デザインは避けて通れない重要な要素である。自然界では、全てが循環の中にある。木々は葉を落とし、その葉は土となり、再び栄養を与え、新たな命を育むサイクルで回っている。人間が作る製品も、同じように無駄なく再利用され、また別の形で生まれ変わるべきではないだろうか。それを実現するのが、循環型デザインである。

【事例：イケア「Buy back & Resell」（スウェーデン、2021年開始）】
　イケアは、スウェーデンで「Buy back & Resell」プログラムを開始し、使用済みの家具を引き取り再利用する取り組みを進めている。これにより、古い家具は廃棄されることなく、再販売されることで新しい価値を見いだしている。この取り組みは、現在他の国にも広がり、グローバルなサステナブル活動の一環となっている。

2. デジタルの進化によるブランドの透明性の確保

　デジタル技術の発展によって、私たち消費者と企業との距離は一気に縮まった。今では、どんな製品がどこで作られ、どんな素材が使われているのか、

その情報をすぐに知ることができる。この「透明性」は、信頼の基盤でもある。消費者が企業に求めるのは、単なる製品ではなく、その背景にあるストーリーなのだ。

【事例：アーラフーズ「Arla Milkchain」（フィンランド、2018年導入）】
　デンマークのアーラフーズは、フィンランドで「Arla Milkchain」というブロックチェーン技術を導入し、消費者が牛乳の生産地や流通過程を追跡できるようにした。この取り組みは、製品の透明性を強調し、消費者の信頼を高めるものとして評価されている。これにより、消費者は手軽に製品の背景を知り、安心して選択できるようになった。

3. 文化的多様性の尊重

　私たち1人ひとりは異なる背景や価値観を持っている。これまでのデザインは、その多様性を十分に反映できていただろうか。グローバルに展開するブランドが、その答えを求める時、文化的多様性を尊重したデザインが必要になる。多様な価値観を受け入れ、デザインの中に織り込むことで、ブランドは世界中の人々に共感されるものとなる。

【事例：レゴ「ミニフィギュアシリーズ」（デンマーク、2016年開始）】
　デンマークを拠点とするレゴは、ミニフィギュアシリーズを通じて、多様性とインクルージョンを推進。2016年に車椅子に乗ったミニフィギュアを導入し、障がいを持つ人々をデザインに反映した。この取り組みは、異なる文化的背景や身体的特徴を尊重し、幅広い層の支持を集めている。

4. エシカルなストーリーテリング

　どんなに素晴らしい製品であっても、それがどのように作られたのか、そのストーリーがない限り、消費者にとってその製品は「モノ」にすぎない。ブランドがどんな意図で製品を作り、どのような社会的意義を持たせているのか。それを伝える「エシカルなストーリーテリング」は、今後ますます重要になってくる。

【事例：マリメッコ「Maridenim」（フィンランド、2024 年 コレクション）】

フィンランドを拠点とするマリメッコは、2024年にデニムコレクション「Maridenim」を発表。オーガニックコットンとリサイクルコットンを使用し、環境負荷を軽減するデザインを採用。持続可能な行動を通じてエシカルな価値を消費者に伝えている。この取り組みは、世界的に評価されている。

5．サステナビリティと美の調和

デザインには、美しさが不可欠である。それがなければ、どんなに機能的でも心を動かすことはできない。これからの時代に求められるのは、「美しさ」と「サステナビリティ」の両立である。持続可能な素材を使いながら、デザインとしての魅力を失わないことが、今後のデザインの課題となる。

【事例：バング & オルフセン「Beosound Level」（デンマーク、2021 年発売）】

デンマークの高級オーディオブランドのバング&オルフセンは、2021年に発売したスピーカー「Beosound Level」で、再生素材を使用しつつ、シンプルで洗練された美しいデザインを提供。この製品は、持続可能な素材を使用しながら、デザインの美しさと高い品質を兼ね備えており、サステナブルな製品でも魅力的であることを証明している。

6．社会的課題に対するデザインの対応

デザインは、ただの見た目や使い勝手だけではなく、社会的な課題に対しても答えを出すべきものである。企業がどのように社会に貢献し、社会的課題を解決するためにデザインを使うのか。それが、これからの企業の存在意義にもなっていく。

【事例：Too Good To Go / トゥーグッドトゥーゴー（デンマーク、2016 年設立）】

デンマークを拠点とするToo Good To Goは、食品ロス削減を目的としたアプリを2016年に発表。このサービスは、レストランやスーパーで余った食料

を消費者に安価で提供する仕組みを構築し、食品廃棄物の削減に寄与している。ヨーロッパ各国や北米など18カ国以上で展開されている。

7. 消費者との共同創造

デザインの時代は、もはや企業が一方的に提供するものではない。今では、消費者がブランドとともに未来を作り上げる「共同創造」が重要である。消費者の意見やアイデアが製品に反映され、ともに未来を形作っていく。それが、これからのブランドと消費者の新しい関係となる。

【事例：ボルボ「The E.V.A.Initiative」（スウェーデン、2019年開始）】
スウェーデンを拠点とするボルボは、2019年に「The E.V.A.Initiative」を開始し、40年以上の交通事故データを公開。他社が安全性向上に活用できるようにし、業界全体の安全性向上を目指している。この取り組みにより、共同創造を通じて安全な未来を築く姿勢を示している。

こうして見てみると、サステナブルなブランドデザインは、ただ「環境に優しい」だけではなく、私たちの日常や未来に深く関わるものだということがわかる。企業が社会や環境に対してどんな責任を果たしているのか、その選択がデザインを通じて私たちに伝わることで、消費者とブランドとの間に強いつながりが生まれていく。
デザインが持つ力は、見た目だけではない。私たちの気持ちや行動を少しずつ変えていく力がデザインにはある。だからこそ、どんなデザインを選び、どんな未来を信じるか。それは、企業だけでなく、消費者1人ひとりが手にしている大きな力とも言える。
未来は、いま選んだものの、その先にある。

COLUMN

人の心理を解き明かすHuman Truthsテクニック

　本編では、ブランディングの各ステージにおける、Human Truthsの視点からのアプローチと、活用できるツールをご紹介してきた。ただし、これらのツールは決して、それさえ活用すれば、誰もが簡単にHuman Truthsに辿り着くことができる「魔法の杖」ではないことに注意が必要である。

　Human Truthsの視点をブランディングに活用するには、いくつかの重要な「心構え」と「コツ」が必要なのだ。

Human Truthsは「見つける」のではなく「構築する」もの

　多くのマーケターや消費者調査の専門家が、「消費者インサイトを見つける」という言葉を使っているのを、しばしば目にする。しかし、インターブランドは「Human Truthsは見つけるものではない」という立場を取っている。その真意はこうである。「Human Truthsを見つける」と言うと、あたかも、誰か特定の人間の頭の中にHuman Truthsという名の「真実」が眠っていて、企業はそれを掘り起こせばよいだけだ、というイメージを抱かないだろうか？しかし、実際には、人々にどのような形でインタビューや調査手法を用いても、そのような決定的な「真実」をポロリとそのまま言葉にしたりすることは稀である。第4章で述べたように、Human Truthsは海面下に隠された氷山なのであり、隠されているからこそ「見つける」ことは困難である。

　ではどうするか。私たちは、Human Truthsはそこにあって「見つける」ものではなく、様々な人々の発言の端々や、社会全体のトレンド、また、背景にある文化やコンテキストなど、複数のインプットから導き出し、構築しなければならないものだと考えている。つまり、それ自体が本質的に創造的なプロセスなのだ。

Human Truthsは網羅的に調べるのではなく、「原石」を探しに行く

　では、隠されている氷山をどう構築していくか。インターブランドのエキスパートの多くが口を揃えるのは「磨けば光りそうなダイヤの原石」を探しにいく、ということだ。私たちは顧客の様々な声に耳を傾けた時、それを量的に分析したり、多数の意見に耳を傾けたりしがちだ。しかし、前述のように、Human Truthsはブランドの可能性を広げ、新しい地平を切り開くものであるから、新規性のある意見、一見不思議に思われる声にこそ、耳を傾ける必要がある。

　そんなことを言われても、何がダイヤの原石なのかわからない、という声が聞こえてきそうである。そんな時は、自分の「主観」を大切にしてほしい。なぜなら、前述のように、Human Truthsとは、根源的でユニバーサルに共感できる葛藤だからだ。だから、あなた自身が「強く共感できること」「なぜだろうと不思議に思うこと」「喜びや心の痛みを共有できること」の中に、Human Truthsのタネが隠れていることが多いのだ。あなたが顧客の声を聞いて、感情のメーターの針が振れること、「わかる〜」「あるあるだね」と思ったり、「えっ、なんで？」と思ったり、「胸が痛い」と思ったりすること、そういった主観のものさしを大切にしてほしい。

　このように説明すると、「Human Truthsを構築するにはセンスが必要なんですね」と言われることがしばしばある。しかし、必要なのは生まれ持ったセンスではない。どちらかというと、自分の心の中の主観的な感情の動きに注意を払うことができる「アンテナの感度」のようなものだ。感度は誰もが磨くことができる。

　とはいえ、ビジネス的な論理的思考を重視するあまり、自分の感情に蓋をしていては、アンテナの感度は磨かれない。その点では、ビジネスの一環としてのブランディングの取り組みにおいて、自分の感情や感性に目を向け、その主観的な共感や違和感に正直になることは、一定のトレーニングと慣れを必要とするかもしれない。

発散と収束のプロセス

　ここで、「主観ばかりでは、ブランディングとビジネスにとって意味のあるHuman Truthsを構築できるのか」という質問を受けそうである。そこで、Human Truthsは、ブランドの可能性を広げるものである、という最初の話をもう一度強調しておきたい。Human Truthsは無数にあり、どれか１つが正しいわけでも、どれか１つが成功を約束してくれるわけでもない。

　だからこそHuman Truthsの可能性を目いっぱい拡散することが必要である。また、それと同じぐらい、どのHuman Truthsに光を当てるかを選ぶことも、ブランドにとって欠くことのできない重要なプロセスである。これはブランドの「意志と信念」によって選び取るべきものであり、つまりブランドのパーパスが、究極的にはHuman Truthsをそのブランドならではのものに磨き上げていくことになるだろう。

まやかしのHuman Truthsを見分ける５つの質問

　最後に、Human Truthsのようでいて、十分掘り下げられていないものを見分けるための５つの質問をご紹介しよう。あなたが顧客の葛藤に辿り着いた、と思ったら、念のためにチェックしてみてほしい。

１.「観察できる事実を述べただけになっていないか？」
もしあなたが、実際の顧客の発言をそのまま取り上げていたり、顧客調査からわかる統計的事実だけを述べていたりするとしたら、それは事実の羅列でしかない。

２.「あなたが構築した Human Truths について、論理的に反論したり異を唱えたりすることができるか？」
もし、誰も反論ができないとしたら、それは漠然としすぎていて、玉虫色になっているのかもしれない。

３.「それはビジネスやブランディングに変化をもたらすか？」
もしそうでなければ、一見もっともらしくても、意味がないかもしれない。

4.「それは自分や周りが今まで知らなかったことか？」
もしそうでなければ、人は価値を感じないかもしれない。

5.「それを聞いた人が、他の人に伝えることができるか？」
もし、その Human Truths について聞いた人が、他の人に簡単に伝えることができないのであれば、ブランディングの起点とするには、まだ十分に端的なモノに磨き上げられていないかもしれない。

第 8 章

カルチャー変革の
基礎となる
「ビヘイビア」

イントロ

　ムーブスを起こしていくのは人であり、組織である。

　そのため、人や組織の変革を想定する組織カルチャーや行動様式まで踏み込まなければ、ステークホルダーとの持続的な関係構築をすることはできず、目標地点に辿り着くことはできない。

　ここではブランドが戦略アクションを実行する上で欠かせないリーダーから現場のメンバーまでの行動定義について検討していく。

図8-1 ｜ 行動定義

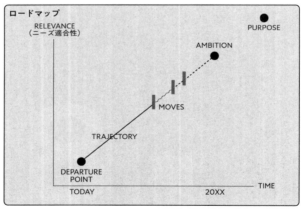

行動定義

　ブランドが社会においてリーダーシップを発揮し、持続的な成功をもたらすためには、ベースとして「誠実さ」を据えることは必須である。これは、優れた人材の確保や維持、顧客のロイヤルティを得ること、ビジネスパートナーとの関係性を深めること、株主や投資家の期待を超えることに寄与する。「行動定義」とはブランドの評判や強さを獲得し、価値を損なう可能性のあるリスクを軽減する人の行動や判断に関する要素の集合体である。経営層から現場メンバーの意思決定と責任にブランドらしい「行動定義」を組み込み、シミュレーションを重ねて相互理解がなされた状態で実行動へ落とし込むことができれば、独自のブランドパーセプションを築きながら社会的なリーダーシップを発揮することが可能となる。

　その結果、顧客やパートナーからの共感と好意が醸成され、ビジネスパフォーマンスにおいても好影響をもたらす。同時に価値棄損を最低限に抑えつつ、誰もが認める正解はないが、社会的に言動が注視されるような問いについても自社なりの考えを表明できるようになる。

「行動定義」には２つの重要な要素がある。これらは相互に作用し、それぞれが異なる方法で誠実さと一貫性を促進することを目的としている。3番目の行動規範においては、多くの場合業界や団体などに基準が設けられており、それを解釈しながら遵守するということになる。そのため特にブランドの個性として組織文化を形成していくのは、ビヘイビアとなる。

第8章｜カルチャー変革の基礎となる「ビヘイビア」｜　213

組織の文化を形成するビヘイビア

ビヘイビアとは「人によって物事が行われるアプローチ」であり、そのパフォーマンスが評価され、奨励され、表彰される行動や相互作用である。これらは、組織の深く根付いた原則である価値観に根差している。

そして、このビヘイビアをベースに組織が従業員の経験、スキル、貢献に対して提供する支援、認証、価値としての蓄積のシステムを備えることで、強固な組織文化を形成することが可能となる。

法規制および自己で課した基準に対する行動規範

行動規範とは、組織が従業員、パートナーシップ、ステークホルダーとの関わりにおいて、裁量的な意思決定とパフォーマンスをガイドし、これを法規制や自己で課した基準に一致させるためのポリシーの集合体である。

ビヘイビアの設定

ビヘイビアの概念は、個々の従業員および集合的な活動に適用され、ブランドの内外における認識を定義する価値観の実践である。

ビヘイビアは、「ブランドが進むべきトラジェクトリー」「達成すべきアンビション」「実現すべきパーパス」を考慮に入れ、「従業員バリュープロポジション」と結びつくべきである。ビヘイビアは、従業員の行動がそれに一致しているかどうかを判断できるほど具体的であり、かつ多様な文脈に適用できるほど普遍的であるべきである。また、採用、報酬、退職の決定を促進するものであるべきである。ビヘイビアは「価値観の実践」であり、深く根付いた信念を期待される行動に変えることを目的としている。ビヘイビアが促進する価値観に関する明確さが欠如している場合、そのビヘイビアは単なる指示であり、望ましい文化とは全く異なる文化を生み出す可能性がある。

強力なビヘイビアを作るためには？

強力なビヘイビアは、経営者に「不在」の自信を与える

　ハーバード・ビジネス・スクールのフランシス・フライとアン・モリスの著作『世界最高のリーダーシップ−「個の力」を最大化し、組織を成功に向かわせる技術』（桜田直美【訳】、PHP研究所）の一節を借りると、これは強力なビヘイビアの指標であり、戦略を補完し、リーダーが不在の時でも、メンバーが独自の判断を下せるようになる。

　これを実現するためには、以下の4つの側面が重要である。

「リスニング」から始まる

　強力なビヘイビアは、抽象的で一般的な命令ではなく、最良の従業員と雇用者の価値観が一致してこそ力が発揮される。そのため、企業のDNAや従業員の価値観を広く理解した上で設定されるべきである。

人々の成功を支援する

　現在の課題を克服し、シフトを成功させるために重要な行動方法に焦点を当てる。実際の行動を促すようなものとなる必要がある。そして、一般的なビヘイビアはトラジェクトリーに整合しているべきである。

変化を促進する

　強力なビヘイビアは、企業文化における欠点を埋めるか、機能していないものを修正するだけでなく、最良の従業員のマインドセットとしての設定から始まるべきであり、その結果変化の加速が起きる内容が含まれているべきである。ビヘイビアに合った活動は、高インパクトな組織活動として、また日常の行動例としても明確に社員に示されるべきである。

意義ある価値観に根差す

　ビヘイビアは、「なぜ？」に結びついているべきである。それは、組織が大切にしている深い価値観であるべきである。

この価値観は意味があり、明確に表現されるべきであり、「情熱」「誠実さ」、「革新」（これは価値観ではない）といった典型的なひと言の決まり文句を避け、組織を本当に動かし、独自性をもたらすものを見つけるべきである。

事例：インターブランドのビヘイビア

　インターブランドのビヘイビアは、以下の４つとなっており、世界中のコンサルタント・クリエイター・ビジネスプロデューサーなど全メンバーがその行動のベースにしている。

- Lead with love
- Listen first
- Be brave
- Make it happen

　これが策定されたのは2016年であり、当時のCEOが中心となり世界中の若手メンバーが集められて検討し、多くの社員が途中段階のアイデアにコメントやフィードバックして精緻化していくプロセスが取られた。最終的にできあがった４つのビヘイビアはその内容および表現ともに高い共感を呼び、東京オフィスでも早期に浸透し、メンバーがそれを使いながら自身やチームの行動変容を促すような場面も多く見られた。現在では人事評価における360°評価の項目、プロジェクト終了後のプロジェクト評価時の評価項目など、人事オペレーションの基礎にもなっている。

第9章

ブランド
マネジメントの
現状を理解する
ブランド価値評価

イントロ

　実践編の最後にブランド価値とその評価方法について紹介する。

　これまで思想編やブランドリーダーシップキャンバスのアンビションの目標例として少々触れたが、味の素をはじめとして顧客価値や組織価値を測る非財務目標の１つとしてブランド価値を目標設定にしている企業が増えてきている。

　企業の重要な資産であるブランド価値の評価方法とそれを活用したブランドマネジメントについて、前著『ブランディング７つの原則』で紹介した内容に加え、アップデートした部分について触れていく。

ブランドは強力な
競争力を生む無形資産

　ブランドは「企業や商品についての評判」という意味で、1つの情報だが、その情報が顧客の記号となることで、企業に価値をもたらす。情報の保有者は顧客であるが、それによる利益は企業側に発生するという「関係性」が価値の源泉と言える。だからこそ、いったん、ブランドを確立すれば、それは、最も強力な競争力をもたらす無形資産となるのである。

ブランドは具体的な金額に換算できる

　インターブランドは、1984年にブランド価値評価手法を開発した。
　イギリス大手食品会社のランク・ホービス・マクドゥガル（RHM）が、敵対的買収の対象となった際、所有するブランド価値に比べて企業価値（株式価値）が割安に放置されていると考えて、独立した第三者による客観的な評価をインターブランドに依頼したことが発端である。インターブランドはその後、世界中で10,000件以上のブランド価値評価を実施している。

インターブランドのブランド価値の算定方法

　私たちは、「ブランド価値」を、ブランドによってもたらされる「経済的価値」と定義している。例えば、目の前に2種類のコーヒーがあるとする。いずれも高級豆を使用し、味も香りも互角。両者の違いは、「ブランド」になっているか、いないか、である。

第9章｜ブランドマネジメントの現状を理解するブランド価値評価｜　219

この場合、どちらに高いお金を払ってもいいと思うだろうか。普通なら、確立されたブランド（例えばスターバックスやブルーボトルコーヒーをイメージ）に対して高いお金を払ってもいいと思うだろう。確立されたブランドは価格プレミアムを享受でき、適切にマネジメントされる限り、将来にわたって、価格プレミアムは維持される。この「ブランドによる価格プレミアム」の価値こそがブランド価値に他ならない。また、より多く買っていただく、また長く買い続けていただくなどにより、財務的なインパクトをもたらすこともあり、これらもブランド価値と言える。このブランド価値をインターブランドでは、以下の3つのステップにて評価する（図9-1）。

図9-1 │ ブランド価値を測る3つのステップ

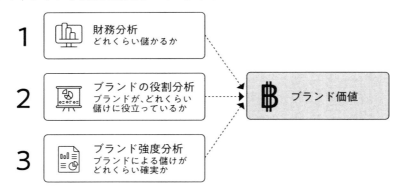

【ステップ1】財務分析：将来どれくらい利益を生むか

　対象となる事業が将来どれくらい儲かるかを予測する。
「儲け」のモノサシは、税引き後営業利益から事業に投下した資本にかかるコストを引いた「エコノミックプロフィット」と呼ばれる特別な利益である。この「エコノミックプロフィット」の向こう数年の予想を立てる。

【ステップ2】ブランドの役割分析：
ブランドがどれくらい儲けに役立っているか

　これは購買要因の分析により、「ブランドの利益貢献度」（これをブランド役割指数と呼ぶ）を数値化するものである。香水や食品などの商品はブランド

役割指数が高く、これは、購買要因としてブランドが極めて重要な役割を果たしているためだ。特に香水は、ブランドそのものが購買要因だと言っても過言ではない。ブランドのない香水は、いい香りがするただの液体にすぎないし、ブランドのない食品も、危なくて口に入れる気持ちにならないだろう。一方、鋼材やセメントなどの工業財や医薬品なら、品質や機能（医薬品の場合は効能）が客観的に証明されていれば、顧客は何の迷いもなく購入するだろう。こうして購買要因を分析することによって数値化したブランドの利益貢献度（ブランド役割指数）をステップ1で評価した利益にかけて、ブランドによってもたらされる利益（ブランド利益と呼ぶ）を算定する。

【ステップ3】ブランド強度分析：
ブランドの利益はどれだけ確実か

　ステップ1と2で算定されたブランドによる儲け（ブランド利益）が、どれくらい確実かをブランド強度スコア（Brand Strength Score、以降BSS）として評価する。各指標は、ブランドマネジメントの体制を評価する社内指標4つと、ブランドが顧客にどう捉えられているかを評価する社外指標6つから構成されている。それぞれの項目は、競合平均を5とする10点満点評価となっていて、10項目の合計得点が100点満点となる。

　こうして算定されるBSSに基づいて、将来のブランド利益を現在価値に換算する際の割引率を決定する。ブランド強度が高ければ低い割引率、逆に、ブランド強度が低ければ高い割引率を適用して、将来のブランド利益の割引現在価値の合計として、ブランド価値が最終的に算定される。

▢ ブランド価値のKPI化

　ブランド価値を戦略的に評価し、企業経営に活用している日本企業はまだまだ少ないが近年増えてきている。特に企業経営のKPIの設定が財務指標から非財務指標に広がる中で、顧客にブランドが浸透し、企業にもたらしている価値が金額換算されるブランド価値を長期計画や中期計画などの非財務指標の目標として設定し、それを高めるための活動を実施している企業も多くなっている。10年ほど前であれば、いったん評価をすることはあっても、社

内外にコミットして継続してマネジメントするような企業は稀であったが、ブランドが企業の重要な資産であるという認識が投資家や株主により浸透し、経営層もそれを意識しているのではないかと捉えている。

本書においては、ブランド価値をアンビションの目標の１つとして設定することを説明しているが、それを高めるにあたっては、上記で紹介したBSSを活用し、現時点での強み・弱み、および将来の課題と機会を理解することができる。

ブランド強度スコア(BSS)指標の進化

BSSを測る指標は、一定期間ごとに進化しており、現在は４代目である。先代のモデルが前著『ブランディング７つの原則（改訂版）』で紹介したものであり、2020年に現在のものへと進化している。進化した理由としては、ブランドを取り巻く環境が大きく変化し、ブランド構築の在り方や、強いブランドの意味合いも変化したとインターブランドが判断したためである。これまで10の要素をくくるのは、社内、社外というブランドマネジメントの対象のみであった。しかし現在は、その要素を残しつつ、次の３つの柱で整理しなおしている（図９－２）。

１，Leadership（強く対応力のあるブランドを構築する）
２，Engagement（企業と顧客との相互の関係を形作る）
３，Relevance（顧客との絆を強化しロイヤルティを生み出す）

評価された結果が、社内の対応力の問題なのか、顧客との関係を作るブランド体験の課題なのかなど、より大局的に把握することができるようになっている。また、個別の指標では、顧客の声を聴く（Empathy）、顧客と対話しながらブランドを構築する（Participation）、その結果顧客から愛着を持たれる（Affinity）など、顧客との関係性を重視する項目が追加になっている。

そして思想編で前述した通り、差別性（Differentiation）から独自性（Distinctiveness）へ変更するなど、より我々の考えるブランドの重要な体験の在り方を反映して改定している。

図9-2 | ブランド強度スコア(BSS)指標の10要素

社内指標

Leadership
強く対応力のあるブランドを構築する

Direction / 志向力
ブランドの目指す姿と、それをどのように実現していくかが明確であり、それを実行に導く文化と価値観が定義されているか

Alignment / 結束力
組織全体が同じ方向に向かい、その実現に全力を尽くし、事業全体を通じてそれを実行する仕組みを備えていか

Empathy / 共感力
組織として顧客や他のステークホルダーの声を積極的に聞き、その進化するニーズ・想い・欲求を先んじて予測し、それに応える能力を備えているか

Agility / 俊敏力
組織としてビジネス機会や課題に対応し期待を超え続けるため迅速に動くことができるか

社外指標

Engagement
企業と顧客との相互の関係を形作る

Distinctiveness / 独自性
特徴的なブランド体験を提供し、際立つものとして既存/潜在顧客から認識され記憶されているか

Coherence / 整合性
あらゆる顧客接点でのブランド体験において、一貫性のあるブランドストーリーや世界観が感じられるか

Participation / 共創性
顧客やパートナーを巻き込み、対話を生み、参加や協働を促すことができているか

Relevance
顧客との絆を強化しロイヤルティを生み出す

Presence / 存在感
既存・潜在顧客を含む関連するステークホルダーの間で好意的に語られ、広く知られており、そのカテゴリーにおいて容易に想起されるものとなっているか

Trust / 信用度
顧客の高い期待に応え、誠実に、顧客目線で行動していると思われているか

Affinity / 愛着度
ブランドが提供する機能的・情緒的価値や価値観の共有により、顧客が絆を感じてくれているか

第9章 | ブランドマネジメントの現状を理解するブランド価値評価 | 223

ブランド強度を活用した
PDCAモデル

最後に、ブランド強度を活用したPDCAモデルについて紹介する。

前述したようにブランド強度は、ブランドの強み、弱み、課題、機会などを把握することができるため、ブランド価値を高めるにあたっては、健康診断として自ブランドの状況を理解するためには非常に有効なツールである。

インターブランドでは、ブランド価値を高めるために、ブランド強度を毎年計測し、そこから得られる示唆を活用しながら、PDCAを回すサポートを業種を問わず国内外の多くのクライアントへ提供している（図9-3）。

図9-3 | ブランドPDCA

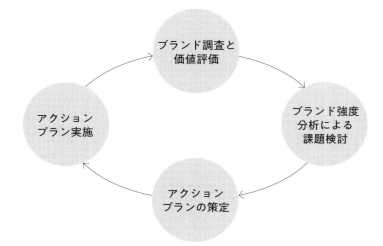

ブランド強度スコアは、社内スコアは同じ国のベンチマーク企業群、社外スコアは（直接、間接）競合との相対比較で算出されるため、社内での各指標が他の企業と比べてどの程度のレベルなのか、社外のスコアが競合と比べてどこが勝っていて、負けているのか、という点が明らかにされる（図9-4）。これをもとにどのような改善アクションを行うのかを検討することができ、そのアクションが効果をもたらしたのかを翌年以降ウォッチしながら継続していくことができるようになっている。

図9-4│ブランド強度スコアグローバル比較

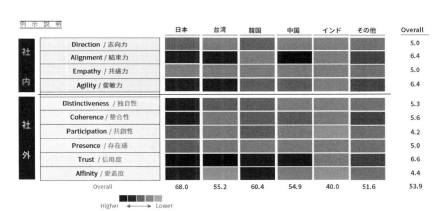

　一方、これまで説明してきたようにブランディングは全社で取り組む活動であり、このPDCAを社内外広報やコミュニケーション部門だけで回そうとすると、そのアクションの幅が制限されてしまう。そのため、ブランド強度を高めるためのPDCAは全社で取り組む活動として位置付けることで真の効果を発揮する（図9-5）。その場合、日々の売上や利益を作り上げている現場の事業側のメンバーやリーダーがこの活動に共感し、事業戦略や施策の変更や追加することまでができなければ、実効性の担保は難しい。
　ここでは経営トップのブランド価値を高めることへのコミットメントは必須であるとともに、現場からもそのメリットが感じられるような目的と期待効果のすり合わせをしていくことが求められる。そのための戦略の立て方として、インターブランドでは図9-6のロードマップを活用している。

図9-5 | アウトプットイメージ：ある国でのブランド強度 社外競合比較

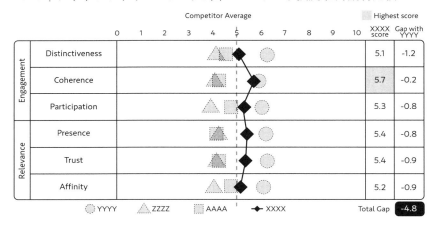

図9-6 | ブランド価値向上のロードマップ

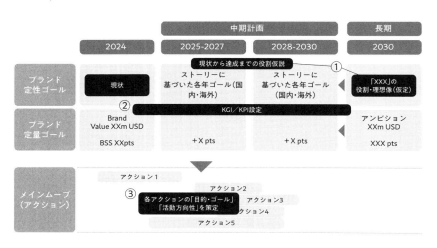

　また、企業の事例を挙げると、ヤマハ発動機では2016年から経営トップがブランド価値を高めることにコミットし、継続して世界中の国と事業を対象に取り組みを行っている。詳細は『ブランディング７つの原則【実践編】』を参照していただければと思うが、グローバルにおけるインターナルブランディング推進、浸透のための基盤として、以下の３点を見いだしている。

① ブランド価値向上の視点から企業活動を推進する組織体制の構築
② グローバルに推進する「ヤマハらしさ」の再定義
③ ブランド価値を高める視点と事業戦略の関係性の明確化

　このように、経営としての重要な指標であるとCEOが宣言した上で、毎年のグローバル会議で、各国のトップがBSSの結果と翌2年間のロードマップと実行策を宣言する仕組みを整えつつ、各国では全ての部門リーダーが集まり課題を把握した上で、強化すべきBSS要素の特定とアクションプランを検討し、事業計画に織り込むような活動を継続的に行っている。

思想 編

最終前章

今後重要になるであろうテーマに関して

イントロ

　ここから、今後重要になると私（並木）が確信している3つのテーマを紹介しておきたい。それは「倫理」「プラットフォーム」、そして「ガバナンス」である。こう書くと、3つとも決して新しいテーマではないと印象を受けるだろう。読み進んでもらうために、ここで少し詳しく各テーマとブランドの関連性を紹介する。

【倫理】
パーパス過多でないブランドの在り方としての倫理的価値観のブランドへの織り込みの必要性

【プラットフォーム】
自社のためではなく価値創造エコシステムにおける要石となるためのプラットフォームブランドへの昇華

【ガバナンス】
創発的事業成長に適合しうるブランドガバナンスの在り方

　かなり野心的なテーマ設定になるが、示唆に富んだ内容であると確信している。なお、当然のことながら例えば今回個別に言及しなかったデジタルやオートメーション、サステナビリティやDEI（Diversity, Equity and Inclusion）、などのテーマも当然重要ではある。しかし、今回は特別に本質的にブランドを変えうるテーマとして、倫理・プラットフォーム・ガバナンスにフォーカスして言及したい。

さらに一歩先に行くために:
倫理

　結論から言うと、倫理観に沿った意思決定ができるか否かで、ブランド価値が上がることも下がることもある、という事実を我々は目の当たりにしている。その事例として、まず、ユニクロがロシアでの事業を一時停止したことについて、2022年3月10日の日経電子版に掲載された記事「ファストリ、『ユニクロ』ロシア事業を一時停止」を参照しながら紹介する。その記事は、「ファーストリテイリングは10日、『ユニクロ』を50店舗展開しているロシアでの事業の一時停止を決めたと発表した」という一文からはじまる。この意思決定に至るまでの経緯に注目してほしい。

　2022年2月24日にロシアがウクライナへの本格的な軍事侵攻を開始して間もない3月2日に日本経済新聞の取材に応じる形でファーストリテイリングの柳井正会長兼社長は、「戦争は絶対にいけない。だからあらゆる国が反対しないといけない。これが僕の意見であり会社の意見」と語った。同時に「アップルの様な情報産業なら（停止も）あるかもしれない。でも衣料品は違う。衣服は生活の必需品。ロシアの人々も同様に生活する権利を持っている」とも語っている。3月2日時点では、今後の状況を注視しながらも事業継続する方針を示していた。これが大炎上を巻き起こし、3月10日時点で展開している50店舗のユニクロ店舗のロシアでの事業の一時停止を決めたと発表することになった。

　ちょうどパーパス経営がいちばん盛り上がっていたタイミングだったこともあり、この事象は大きな関心の的となった。なぜなら、「LifeWear」というコンセプトを掲げ、2020年8月期のアニュアルレポートのCEOメッセー

最終前章｜今後重要になるであろうテーマに関して｜　231

ジでは「服の領域で、社会を支えるインフラになる」と発信しているブランドとしては、「衣服は生活の必需品。ロシアの人々も同様に生活する権利を持っている」のだから「今後の状況を注視しながらも事業継続する」という方針は、パーパスと照らし合わせても、ブランドと照らし合わせても、間違いなく正解だと評価されていい事例だったと言えたのではないだろうか。

　ではなぜ失敗したか。それは、私が言うところの「パーパス過多」という状態に陥っていたことに起因すると考えている。

　その逆の事例として、スープストックトーキョーの事例がある。同社が2023年に店舗で離乳食を無料提供するサービスを開始した時に、このサービスに対してSNSを中心にある批判が発生した。その内容は「子どもがいない客にとっての不公平感」や「無料提供が他のサービスや価格にどのように影響するのか」というものであった。これに対して同社は、こう発信した。

- 「世の中の体温をあげる」という企業理念に基づき行ったこと
- 「Soup for all!」という色のバリアフリーの実現を目指した取り組みであること
- 特定の顧客の優遇をする考えがないこと

　これらをしっかり伝えることで炎上を乗り切り、見方によってはブランド価値が上がったと言える状況を作り上げた。「世の中の体温をあげる」から直接的にはこの対応は出てこないだろう。単純な「on-brandかoff-brandなのか」ではなく、「何を善とするか」「何をいい世界と信じているか」「何はそうではないのか」という哲学的、倫理的な問いに答え続けることで初めて辿り着ける世界観と言えるのではないか。

　もちろん、ユニクロの件とスープストックトーキョーの件を単純に対比させてなんらかの結論を出すべきではない。一方はトップの発信の話であり、一方は炎上後の広報的対応の話だ、とも言える。だが、このような表面的な整理学に基づく区別は、本質的な論点から目を背けさせる。

　倫理と聞くと、多くの人はコンプライアンスを思い浮かべ、イメージとして「堅苦しい」「窮屈である」という表現に辿り着く。しかし、倫理とは、

いかに幸福をなすかの研究なのだ。アリストテレスはニコマコス倫理学において、第1巻のタイトルを「幸福とは何か」とした。ポーラ・オルビス ホールディングスの横手喜一代表取締役社長は、同社における倫理観とは「美の追求」であると言った。倫理という言葉に抱えている固定観念を取り払ってほしい。その先には、必ず何かが見えてくる。パーパスに照らし合わせるだけでは解けない問いを、望む望まないにかかわらず、現実社会はブランドに突きつけてくる。そしてその対応は、どれだけパーパスに沿っていても、どれだけブランドに合っていても、その前提となる価値観・倫理観に立脚しない限りは、ブランド価値を毀損するリスクを抱えている。逆に、その価値観・倫理観が明確であれば、現実が突きつけてくる問いは、ブランドの躍進のキッカケになりうる。

どうだろうか、かなり大きな問いではないだろうか。これまでも「ブランドとは経営である」というスタンスで語ってきたが、このテーマもまさに会社全体への問いになる。

そこで1つ提案したいことがある。「会社はどんな会社であることが求められているか」という視点である。私はこの視点を「from the best via the better to the good——強い会社からいい会社へ、そして善い会社へ」と呼んでいる。

我々はいちばん強い会社を目指すチキンレースを何十年も続けてきた。しかし、結果として利益追求型社会は様々なハレーションを引き起こしてきた。だから企業には行動変容が求められ、ESG経営やSDGsへの取り組みにフォーカスが当たるようになってきた。ESGもSDGsも、「何をやっているか」「実際に世の中に対してどんな取り組みをしているか」が問いであり、まさにto be the better companyであった。だが、グリーンウォッシュと言われるお化粧で責任逃れする会社などが表出し、一時期大流行りだったESG投資も鳴りを潜めている。

ではto be the better companyを志向したことは間違いだったのだろうか。そうだとは思わない。ただ、行動へのフォーカスだけではダメだったのではないだろうか。例えばMIT組織学習センター共同創始者のダニエル・キムの「成功の循環」を例に取っても、「関係性の質」「思考の質」「行動の質」「結

果の質」の４つの循環が重要になるとされている。行動だけにフォーカスした成功はありえないのだ。だからこそ、いまto be the good companyへのシフトが求められていると考えている。意思決定において善をなすこと、それを関係として善なる組織を創ること、そしてそれを測ること、この３つが重要になるのだ。その中でESGやSDGsという行動の質を担保していくことが大切になる。

最後に１つ。これは、「どんな意思決定ができるか」というエシカル・リーダーシップの問い、そして「どれだけ組織文化において実現できているか」という倫理的企業文化の問いではあるが、同時に「どれだけ意思決定を説明できるか」という問いを共有したい。

ハーバードビジネススクールで経営史やリーダーシップの歴史的側面に関する研究で著名なナンシー・コーエン教授は、「優れたリーダーと偉大なリーダーの違いは、変革をもたらす課題に直面した時に、尊敬と信頼を勝ち得ることができるかどうかです。リーダーがどのように意思決定を行うかは、意思決定そのものと同じくらい重要です」と語っている。

読者のみなさんは、「優れたリーダー」と「偉大なリーダー」にどんな違いがあると考えるだろうか。

さらに一歩先に行くために：
プラットフォーム

　これからブランドは「プラットフォームとして機能するブランドである
か」が成否を分ける分水嶺になるかもしれない。つまり、ブランドは企業や
グループ企業にとっての在り方を超えて、企業群や企業アライアンスにおい
てどう機能するかに価値が移っていくかもしれない。この論点は、「企業は
これから自社単体では本当にインパクトのある影響を出し続けられなくな
る」という仮説に立脚している。これは、コラボレーションが加速度的に進
んでいる状況を見れば、想像に難くないだろう。

　カリフォルニア大学バークレー校の経営学教授であるヘンリー・チェスブ
ロウが提唱する「オープン・イノベーション」に依拠するまでもなく、コラ
ボレーションやアライアンスが企業の競争力を維持し、成長を促進するため
に非常に重要であることは自明だろう。世の中の変化スピードが早まり、ま
たVUCAと言われる世界がすでに到来しており、またイノベーションが普及
する速度が加速度的に速くなっている現代において（例えば、電話がアメリカ
で10%の普及率から90%に達するまでに約70年かかったのに比べて、インターネット
は約10年で同様の普及率に達した）は、どれだけ効率的にまた効果的に外部と
のパートナーシップを組めるかが成否を分けるところまで来ている。

　蛇足になるが、気になる人がいると思うので補足すると、イノベーション
の「普及」が加速している、とだけ述べており、イノベーション自体が加
速しているとは述べていない。これは「イノベーション自体が加速してい
る」というのは実は疑わしいからである。バーツラフ・シュミル氏による
『Invention and Innovation – 歴史に学ぶ「未来」のつくり方』（栗木さつき

最終前章｜今後重要になるであろうテーマに関して｜ 235

【訳】、河出書房新社）によると、データに立脚すればイノベーションは加速していないのだ。ましてや指数関数的な加速などは起きていない。だが、同時にデータを見れば、イノベーションの普及スピードは加速している。そして市場において考えると、このインパクトこそが重要なのだ。だから、パートナーシップを組む相手は、サプライヤーとディストリビューターといった古典的なバーティカルな組み方だけではなく、スタートアップやアカデミアなどもありうる。また、相互補完関係のある企業間、CVCを通じた協業関係、そしてその先には競合とのコラボレーション、よりブランド中心的なコラボレーションもありうる。これらの事例を次にまとめる。

【相互補完関係のある企業間の例】
花王とパナソニックの洗濯に関するコラボレーション

【CVCやインキュベーションなどを通じた協業関係の例】
Honda Xcelerator Ventures や Sony Acceleration Platform

【競合とのコラボレーションの例】
食品企業での共同配送として、味の素、ハウス食品グループ本社、カゴメ、日清製粉ウェルナ、日清オイリオグループで立ち上げた「F-LINE」

【よりブランド中心的なコラボレーションの例】
アサヒビール、花王、近畿日本ツーリスト、トヨタ自動車、そして松下電器産業（現：パナソニック）の5社（のちにコクヨ、江崎グリコも加わり7社）が業種を超えて行った合同プロジェクト「WiLL（ウィル）」

　この時に挑戦となりうるのは、ブランドの在り方・考え方である。基本的にブランドは、ブランドオーナーにとってのベストな設計をする。そうすると、当然の帰結として、ブランドは"なんとなく"レギュレーションの中で収まりのいいように並べられるだけになるか、F-LINEやWiLLのように異なるブランドを立ち上げることでゼロから作るかの2択になる。だが、"並列で"ブランドが並び立つことが事業のダイナミックスにおいて前提となるの

であれば、ブランドもその世界観を前提として考えるべきなのではないか。当面はテクニカルな領域での設計の話を中心にこの話題が（進むのであれば）進む気がするが、本書で取り上げてきたリーダーシップの取り方や享受価値の領域の考え方から、コラボレーションを前提としたブランド設計が求められてくるかもしれない。

　その時に向けて、1つの示唆を提供したい。果たして「コラボレーションにおいて機能するような」というのは、そもそも正しい問いの立て方なのだろうか。私は違うと思う。コラボレーションが前提となるのであれば、ブランドはエコシステムのプラットフォームとなるべくブランドを構築するべきなのではないだろうか。ここでの考えは、複数ブランドのエコシステムが広がっていく時に（＝複数社でのコラボレーションが広がる時に）要石となるブランドであり、ブランド相乗り入れの環境の基盤としてのブランドであれば、そのエコシステムにおいて強いプレゼンスを出せるようになる。もちろん実態が前提ではあるが、ブランドでも同様の力が重要になるのは容易に想像がつく。これはかなり野心的な考え方である。

　このテーマは3つのテーマの中でも、かなり未来志向なテーマである。いま、このようなブランドを意識して構築しているブランドは、まだほとんどないのではないか。だからこそ、ここに機会を考え出してほしいと思い、このテーマを論じさせていただいた。

さらに一歩先に行くために：
（創発的ブランディング）
ガバナンス

　最後がブランドのガバナンスの話である。正確に言えば、創発的ブランド構築をどう組織的に実現するか、という論点である。

　まず簡単に創発的戦略に関して触れておこう。この概念は、カナダのマギル大学の経営学教授であったヘンリー・ミンツバーグが著書『戦略計画−創造的破壊の時代』（中村元一【監訳】、黒田哲彦・崔大龍・小高照男【訳】、産業能率大学出版部）の中で提唱した概念である。創発的戦略とは、古典的な意図的戦略〈同氏が著者の一人でもある『戦略サファリ第2版—戦略マネジメント・コンプリート・ガイドブック』（ヘンリー・ミンツバーグ、ブルース・アルストランド、ジョセフ・ランペル【共著】、齋藤嘉則【監訳】、東洋経済新報社）で言えばデザインスクール・プランニングスクール・ポジショニングスクールがその代表例だろう〉においてなされるトップダウンの戦略の作為的な構築ではなく、ボトムアップで環境に合わせて柔軟に動的に形成され（「策定され」ではない）進化していく戦略の在り方として提唱した。

　この考え方はブランドにおいては非常に重要な意味合いを持つ。例えば、創発的戦略の成功例の1つとして挙げられる、ホンダのスーパーカブを例として、創発的ブランディングとそれを実現しうるガバナンスの在り方を探ってみよう。まずは前提理解の足並みを揃えよう。そこで慶應義塾大学の岩尾俊兵准教授（出版当時の肩書き）の著書である『日本企業はなぜ「強み」を捨てるのか—増補改訂版「日本"式"経営の逆襲」』（光文社）に関して、少し長くなるが引用させてもらう。

ホンダのアメリカ市場進出計画は、実際には、「日本でバイクが売れるようになったのなら、次は本場アメリカに進出すべきだ」といった程度のものだった。ようするに明確な戦略目標はなかったという。

　ホンダが市場に投入した製品も、当初は主流の大型のバイクだった。しかし、大型のバイクはイギリス系バイクメーカーや、アメリカ企業であるハーレーダビッドソンなどに勝てず、次に投入した中型バイクもふるわなかった。そもそも商品が売れる時機を逸してアメリカ市場に参入したという事情もあった。

　そんな中にあって、ホンダの営業部隊が移動に使っていた小型の原付であるスーパーカブを売ってほしいという販売店が現れたのだ。

　ただし、ホンダの戦略のすべてが行き当たりばったりだったわけではない。

　ホンダの戦略はＢＣＧの分析のように、事前合理的に緻密に組み立てられたものではなかった。しかし、一度小型バイク市場というニッチを発見してからは、ホンダはこのニッチ市場でのシェア獲得と市場そのものの拡大のために、次々と合理的な施策を打ち出したのである。

　まず、ホンダは販売員にスーツとネクタイを着用するよう求めた。これまでの薄暗くて怖い店主によるバイク販売のイメージを一新するためだ。そして、広告もバイク専門誌だけでなく『ＬＩＦＥ』誌など一般消費者が読むような雑誌に掲載した。その広告も、ファミリーや学生、主婦などが通勤や買い物など様々なシーンでスーパーカブを乗りこなす様子を絵や写真で表現したものだった。さらに、そこに「*You meet the nicest people on a HONDA*（意訳：素敵な人たちはみんなホンダに乗っている）」というキャッチコピーがついた。売上が伸びるにつれて、経験曲線効果によって、価格競争力も付随してきた。

　こうしてホンダはこれまでバイクに乗ることがなかった層に訴求していき、当初ニッチ市場だった小型バイク市場を独占し、市場そのものを拡大することができたのである。その結果が、わずか７年ほどでアメリカのバイク市場の過半数のシェアを得るという大成功だった。

（岩尾俊平著　『日本企業はなぜ「強み」を捨てるのか―増補改訂版「日本“式”経営の逆襲」』P102 ～ 103 より）

事業実態の捉え方として非常に興味深いことは大前提であるが（そして、コンサルを妄信してはならないことも、まさにというストーリーであるが）、ブランディングの視点で考えれば、非常に大きな示唆がある。多くの会社で行われているブランドガイドラインを日本の本社が設計して、もしくは承認して、それに沿ったブランディングがなされていることを正とする、というやり方であったとしたら、このような効果を実現できただろうか。おそらくは無理だっただろう。

　ではどうしたらいいか。それは、創発的に生み出されるブランドを後追いしながら、形式知化する価値のある部分を形式知化し続けるというダイナミックスを織り込むことである。私はこれを「後付け的ガバナンス」と呼んでいる。別の言い方をすれば、アジャイルに進めることである。ここにおいては、前提の転換が必要になる。決めていることを守るというスタイルから、形式知化する価値があることを決め事にしていく。小川仁志氏の著作である『「当たり前」を疑う100の方法－イノベーションが生まれる哲学思考』（幻冬舎）で紹介されている、フランスの哲学者ドゥニ・ディドロ的に考えてみると「体系的思考をするのではなく、哲学的思考に移行してみよう」ということになる。具体的に言うと「予め設計図を作ってそこに知を当てはめていく」ような体系的思考ではなく、「1つひとつの出来事を相互に結びつけて、それが全体としてどういうことなのかを説明しよう」という思考のことである。

　創発的戦略の成功には、実態としてブランドが先行する側面が強くなる分、先行する実態をいかにダイナミックにガバナンスしていくか、という問いに答えを持つことこそが大切なのである。そのためには、感知・評価・形式知化・展開・更新のサイクルを繰り返す必要がある（図10-1）。

　社内のブランドアドボケイトやブランドコミッティで感知し、ブランドボードが評価し、ブランドチームやブランドエキスパートが形式知化する。これをナレッジマネジメントの仕組みの中で展開し、ブランドアドボケイトやブランドコミッティが更新の要否を感知していく、というサイクルを実現するのである。そしてサイクルは、数年に一度のガイドラインの更新を待つことなく、また原理原則が規定されているガイドラインよりも実践的なナレッジのレポジトリに近いものを指す。

240

図10−1 | 感知・評価・形式知化・展開・更新のサイクル

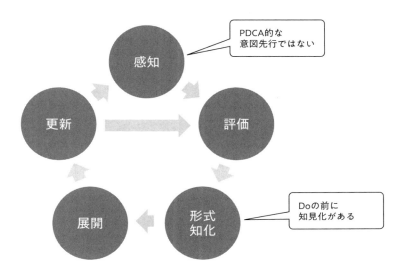

さらに一歩先に行くためのブランドが兼ね備えるべき性質の仮説

　さて、この章の最後に、我々インターブランドが考える、「次の一歩としてのブランディングがやるべきこと」「ブランドが兼ね備えるべき性質」をご紹介したい。読み進めてもらう前に、1つお伝えさせていただきたいことがある。これからの話は、おそらく「ん？　既視感があるな。繰り返しか？」と思われるかもしれない。その感想は否めないのだが、必要だと思って読み進めてほしい。「なぜ必要なのか」は後段でお伝えする。

　我々は凝り固まったブランディングへの対抗軸として、図10-2のようなブランドの在り方の転換を提唱する。

図10-2 ｜ 5つの変曲点

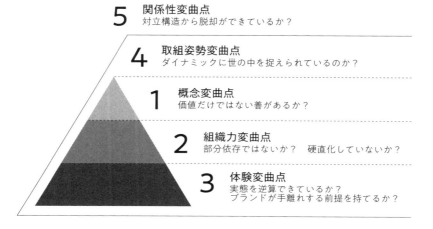

これは、図10－2で示す5つの変曲を実現できているか、その変曲は取り組みとして活動し、その結果、ブランドが兼ね備えている性質として具現化されているか、と評価できる。これを示すのは、もしあなたの会社がチェックボックス大好き組織だとした場合、これを参考にしてアセスメントできるツールとなりうるからである（もちろん、チェックボックス大好き組織であること自体が、最初に向き合うべき問題になるのだが…）。

概念変曲点：価値だけではない善があるか？

　視点としては「ブランドの定義が、人にとっての意味、社会にとっての役割を考慮した上で設定されている。そして、環境の変化に伴い、可変する余地を備えている」という「ブランド戦略」を持てているか、である。つまり、訴求価値以上のものをブランド戦略の中に埋め込めているか、という問いである。ここにおいては倫理観やパーパス、これらの概念がどれだけブランドの価値の中に定義されているか、という変曲点になる。

　機能価値の地獄から抜け出しているか、と捉えてもいい。

組織力変曲点：部門依存ではないか？
硬直化していないか？

　このテーマの視点としては「ブランディングを展開していく上で企業/事業総体を巻き込んで進めていく組織が整備され、効果的に運営されている」を問う「組織整備と運営」の領域での話である。総体としてブランドに取り組む限り、部門依存であってはならないことが実現できているか。前述もしたが、ブランドがユビキタスに存在している状態が理想的だ。

　これは、コンピューターが消えていく姿にも似ていると言える。1980年代にマーク・ワイザーによって提唱されたユビキタスコンピューティングにおいては、コンピューター技術が日常のあらゆる場所に溶け込み、人々が意識することなく自然に利用できる状態である。そう、組織においてもブランドは人々の意識の中に溶け込み、自然にブランディングを行っている姿である。であれば、組織的に硬直した状態にはなりえない。

最終前章｜今後重要になるであろうテーマに関して｜　243

体験変曲点：実態を逆算できているか？ ブランドが手離れする前提を持てるか？

　本テーマの視点としては「ブランドの考え方を伝える仕組みが構築され、展開計画の立案ならびにレビュー＆アップデートがなされている」という「展開戦略」の領域、そして「ブランド体験が『らしさ』を担保しながらも、生活者が自分事として自らのストーリーとして発展できている」ということが「価値伝達」領域において実現できているか、という確認ポイントになる。

　過去から、ブランドのオーナーは誰なのか、という論争は続いている。ブランドをすなわちIPと捉えるのであれば、当然ブランドオーナーは企業である。だが、ブランドを自分のアイデンティティと重ねる人々にとっては、ブランドのオーナーは誰なのだろうか。それはブランドを高めているインフルエンサーやKOL（Key Opinion Leader）、もしくは公式なアンバサダーかもしれない。いや、人々の手にブランドは移ったのかもしれない。これはデジタル革命が起きて、Web2.0にシフトして情報発信が民主化された時に、特に意識されるようになった。これはつまり、ブランドを手放しうるのか、という問いに変換できる。そこまで考えて、「ブランドを設計できているか」を問うてみてほしい。

取組姿勢変曲点：ダイナミックに 世の中を捉えられているのか？

　これは、多くの視点の根底に通ずるものになる。あえて言えば、ブランド戦略と展開戦略の考え方や捉え方に流動性が存在し、戦略構築がダイナミックに動いており、それに基づいて柔軟かつ敏速に組織が存在しているか、という視点になる。それは結果として価値伝達における実行で大きな違いとなって表出する。ここのポイントは、とにかく「硬直化から脱却できるか」であると捉えてほしい。序章でも説明したが、行き着くところも始まりの地もVUCAに対応できる組織力なのである。その時に、ブランディングを行う組織としてダイナミックに世の中を捉えられない限り、常に世の中からは遅れていく。これには必然があることは、もうおわかりだろう。VUCAの時代に、未来予測ができるだろうか？　そうでなくても未来予測は難しいのだ。

VUCAの時代には到底不可能だろう。つまり硬直的に予測から始めるPDCAを1年単位や3年単位（＝中期経営計画単位）で回している限り、永遠にブランディングは成功しない。

ではどうしたらいいか？　未来予測に関しては「未来を予測する最良の方法は、それを発明してしまうことだ」というパーソナルコンピューターの父であるアラン・ケイの言葉を羅針盤とするべきではあるが、それが難しいのであれば、せめてアジャイルに積極的に取り組むべきなのだ。リタ・マグレイス教授も、持続的競合優位が終わった時には、一時的競合優位を次々と繰り出すことの重要性を解いている。つまり、ダイナミックであるべきなのだ。

▷ 関係性変曲点：対立構造から脱却ができているか？

視点としては「顧客・社員・株主・学生（場合によっては競合）や、将来想定されるステークホルダーをパートナーとして捉え、その関係性を深めている」ことを「ステークホルダーとの関係構築」という領域において実現できているか、である。ここには主題と副題が存在する。主題は、まさにターゲットからパートナーへの位置付けの変化の中で実現する、関係性の再構築である。これはここまでも多く語ってきているので、これ以上の紙面は割かない。

ここでは副題にしっかりと言及したい。それは、「マルチステークホルダー」という言葉の捉え方である。マルチステークホルダーという言葉自体は何一つ目新しくない。1992年にリオ・デ・ジャネイロで開催された地球サミットにおいて、すでにマルチステークホルダーという言葉はオフィシャルなコンテキストで使われ実践されてきている。では対立構造からの脱却というコンテキストとブランディングというフィールドにおいて、何が新しくありうるのだろうか。それは、ひと言で言えばオムニチャネル的思考（前出）になる。しかしこれはチャネル論ではないので、「その先に何があるか」である。ブランドにおけるマルチステークホルダーとの関係構築においては、総体への収束、その実現に向けた、ステークホルダーごとの関係性の差異性とステークホルダー間の従属関係性のマネジメントが重要になる。別の言い方をすれば、マルチステークホルダーにどのようなストーリーがあるか、もっと言えば、マルチステークホルダーからオムニステークホルダーへの移

最終前章｜今後重要になるであろうテーマに関して｜　245

行、と言える。

　ちなみに、経営論におけるチャネル論は、シングルチャネル、マルチチャネル、クロスチャネル、オムニチャネルと進化してきている。ステークホルダーに関しても、「マルチで捉える」という対象の捉え方、すなわちターゲット論から脱却し、会社とのつながりの設計図において、どんなつながりを全体としてオーケストレーションしたいのか、という意思と意図の議論に移るべきではないか。ターゲット論を前提とした整理学に終始していても仕方ない。

　これらの変曲点を意識しながら、具体的に活動をアップデートし、成果を出していくことを目指せるのではないだろうか。ここで示したことは、本書で表現してきたことの、今日における現実的な着地地点だと考えてほしい。思想的になすべきことのエッセンスはある程度包含されているし、実践編でお伝えした具体的な内容はかなり含有されている。さらに一歩先に向けてやるべきことも部分的にはカバーされていると言っていいだろう。

　インターブランドとしては、日本で唯一の、そしてたぶん世界でも類を見ない、ブランディングという取り組み自体を表彰するアワードとして、Japan Branding Awardsという取り組みをしている。そして、2023年から2024年にかけて、これまでの受賞ブランドのブランドリーダーたちとの共創を通じて、上記のような視点に評価項目を再構築することにした。それもぜひ1つの参考としながら、ブランディングの取り組みをレビューしてみてほしい。

最終章

ブランディング転換点4：
これからのブランドに
携わる人たちへ

イントロ

　これで、我々はブランディングを進化させる準備が整ったはずである。少なくとも知識的には。しかし当然のことながら、それでは不十分だ。ブランディングと執筆の1つの共通点は、「行動変容」への願いである。だが、それには知識だけでは辿り着けない。とはいえ、1人ひとりの読者に個別に寄り添うことも不可能である。本書は実用書であることを願って取り組みだした。であれば、執筆者である我々は実務適用性だけでなく、実効性にもこだわることが重要だと考えている。だからこそ最終章では、知識ではなく姿勢として、気をつけてほしいことを「お願い」という形でもってここで伝えたいと思う。

お願い1　「ブランドは人を軸とする」以外は気にしない

　世の中には様々な専門家やプロフェッショナルがいて、あの手この手でサービスを売り込んでいる。新しいフレームワークを提示したり、先端のトレンドを紹介したり、既存の課題を再定義したりしながら、ブランディングとはこうやるべきだ、ああやるべきだ、と捲し立てている。その時に唯一の拠り所は、「人間」をどれだけ真剣に、どれだけ深淵に捉えているか、だけだと思い出してほしい。不易流行の考え方の中に身を置いて、冷静に自分の軸で世の中を見てほしい。人の本質をどう捉えるか、そして、人の変化をどう捉えるか、にこだわってほしい。

　惑わされないためのヒントを1つ提供したい。それは、「あなたの中で揺るがない戻るべき思考のコアを持つこと」である。情報があふれかえっており、全てがそれらしく見え、そして多くのことはなんらかの正解がある、そんな中で、相対比較の中で正解を見つけるのは難しい。そう、受動的に世の中に接していては、世の中に流され続けることになる。では何をコアに持ちうるのかを自らに問うてほしい。

お願い 2 フレームワークの奴隷にならない

フレームワークはあなたが自分にとって役立つから使うのである。フレームワークを使えば正解に辿り着けるから、ではない。世の中にはフレームワークがあふれている。出自の怪しいものもあれば、学術論文に裏付けされているものもある。だが、どれでも辿り着きたい目的地に辿り着く道具であれば、フレームワークはその用をなすのである。逆に、どんなに正しいフレームワークであっても、それがあなたの一助にならなければ、意味がない。

その前提で、いくつかの留意点をお伝えしたい。まず、「フレームワーク自体を妄信してはならない」ということである。それがどんなに世の中に流通していたとしても、それが正解だとは限らない。長い期間多くの人が使ってきたという状況証拠は、そのフレームワークが一考に値することを保証してくれる。だが、それは「このフレームワークが正解である」ということではない。そして、形式知化された時点で劣化は始まるのだ。マイケル・ポランニーの「暗黙知と形式知の理論」や、ルートヴィヒ・ウィトゲンシュタインの「言語ゲーム」を取り上げるまでもなく、形式知化という行為はニュアンスを消失させ文脈から切り離されることで、本質的な価値を消失するのである。同時に形式的に固定化した時点で、古くなるという必然を担わされる。だからフレームワークは使えない、ということではなく、だからフレームワークは、注意を持って意識的に取り扱う必要がある、ということである。

そして「フレームワークは穴埋めではない」ということである。フレームワークという言葉の意味を考えると「フレーム＝枠組み」と「ワーク＝仕事」との組み合わせであり、つまり仕事における枠組み、つまり仕事の構造、でしかない。空いている穴が重要なのではなく、穴を形作っている枠が重要なのだ。穴が埋まったから（仮にそのフレームワークが親切にも穴埋めの結果の示唆や意味合いをどう出すかまで規定してくれていたとしても）といって、それは答えではない。それをもって、あなた自身がどう考えるかなのである。考えてみてほしい。もしフレームワーク通りに出した結論が正しいのであれば、世の中の全ての戦略が同じ帰結に辿り着き、その優劣はフレームワーク職人の質だけがレバーになる、となってしまう。

最終章｜ブランディング転換点4：これからのブランドに携わる人たちへ｜　249

お願い3 ベンチマーク信仰をしない

　これは顧客中心主義の議論の中でジェフ・ベゾスの言葉を引用する形で繰り返し伝えているが、再度強調したい。ただ、「ベンチマークをするな」と叫んでも実効性がないことは骨身に染みてわかっている。だからこそ、ベンチマークからリファレンスポイントへと捉え方と言葉を変更することをお勧めしたい。要するに、ベンチマークに照らし合わせて良い悪いを評価するのでなく、リファレンスポイントとの比較の中で、自分たちの仮説をアップグレードするために使うのである。

　このために必要なのは何か。そう、仮説である。仮説という言葉がダメならば、意図でもいい。「やりたいことである」という意識が重要なのだ。これからの時代が、これまでの延長線上ではないことは、十分に説明してきたと思う。であれば、過去（ベンチマーク）は目指すべきところではなく、参考にするポイントなのだ。小川仁志氏は、ルネサンス期の代表的な哲学者の1人であるミシェル・ド・モンテーニュは「人々がすぐ自分の外側に答えを求めるのをよくないと戒めています。そうではなくて、自分の内側に答えを求めよというのです」としていると記している。

　とにかく回答を探すのをやめることからしか、これからのブランディングは見つからないと肝に銘じてほしい。

お願い4 理論信仰をしない

　これまで述べてきたことの繰り返しを感じるかもしれないが、理論を信仰しないでほしい。実際に論文を読んでもらえればわかるのだが、多くの論文ではLimitation（限界）やBoundary Condition（境界条件）が示されている。

　仮に学説に裏打ちされていても、特に経営学周辺の学説や理論に関しては普遍的な真理を示していることは基本的にないと理解していいだろう。さらに、ポール・ファイヤアーベントが『方法への挑戦－科学的創造と知のアナーキズム（村上 陽一郎・渡辺 博【訳】、新曜社）』で、科学が厳格な方法論に縛られるべきではないと主張したことを思い出してほしい。データであることが

至上ではないかもしれないのだ。これを理解したその中で、信仰としてではなく理論に向き合ってほしい。

　実際にクライアントと話していると、（特に“理論派”として名が通っている人は）著名な学者の名前を挙げて、それをなぞることを求めてくることがある。「コトラーがこう言っている」「ポーターはこう言っている」とか。勉強しているのは悪いことではない。しかし、孔子も論語の中で「学びて思わざれば則ち罔（くら）し、思いて学ばざれば則ち殆（あやう）し」と言っているように、学ぶだけではダメなのである。我々は思考停止してはならない。それがどんなに楽な道で魅力的であっても、である。

　ちなみに、これはかなり危うい落とし穴であることをあえて再度お伝えしたい。というのも、確証バイアス（＝自分が知っていることを所与として事象を理解する）に陥りやすい。経営者は過去の成功の上に立っているものであり、仕方ないことではあるが、確証バイアスの餌食になりやすい。くどいかもしれないが、このことをしっかりと捉えて、理論信仰に陥らないでほしい。

お願い 5　“究極の”結果にこだわらなければならない

　仕事が分解され分業化されサイロ化される中で、個人に課される仕事も同様に細分化され、そのKPIに取り組まざるを得ないのが実務での実情だろう。その中で、ブランディングに関わる人は、「（特に企業ブランドの取り組みにおいては）コストセンターでいい」という割り切りを持ってしまうこともあると思う。だからこそ、その時には一歩立ち止まって、究極の結果に徹底的にこだわってほしい。

　トップがブランド責任者である場合は、それほど難しいことではないだろう。例えばある期間、トヨタ自動車のCEOであった豊田章男氏はChief Branding Officerを兼任していた。そして、2024年8月時点でのトヨタ自動車のCEOである佐藤恒治氏は社長就任前にChief Branding Officerであった。このようにトップがブランドに対して全責任を担っている、もしくはその意識を持っている場合は、必然として究極の結果にこだわれるだろう。ではあなたが豊田章男氏でも佐藤恒治氏でもなければ、どうしたらいいのか？　もう意識の話以外はありえないので、あえて1つヒントを提供しよう。自分の

最終章｜ブランディング転換点4：これからのブランドに携わる人たちへ｜　251

KPIを複雑化するのである。これは具体的なアクションとして実行可能である。よくある残念な事例を紹介しながら、説明していく。

トップを含めて心血を注いでブランドの戦略を描き切った後に、例えばそれが社名変更を伴う時に、「まずは認知度」と単純化されたKPIの形で広報部や宣伝部に落とされることがある。そうすると担当者は、「とにかく調査された時に認知度が上がっていないと」という（そもそも本質的でない条件すら付与して）使命感で広告代理店に相談し、結果ジングルに合わせて社名を連呼するという（残念な）打ち手に辿り着く。この時に、仮に「まずは認知度」をKPIとして渡されたとしても、例えばあなたから能動的に「知ってほしいイメージを兼ね備えている認知度」と設定したらどうだろうか。こうするとKPIがかなり複雑になった。当然難度も上がり、成功確率も下がる。しかし、この姿勢こそが仕事人としてのあるべき姿ではないか。これは、エアビーアンドビーの元ジェネラルカウンセルであるロバート・チェスナット氏が話してくれた「企業があるべきインテグリティを実施するためのヒント」の1つである。「ブランドを担当する者としてのインテグリティ」と考えれば、この問いは重要になるだろう。

お願い6　イマジネーションを大切にしてほしい

これまでのお願いは、例えばクリティカルシンキングの手法を身につけることである程度は達成できる。ソクラテス的な問答法でなくとも、例えばエドワード・デボノの「6つの帽子思考」などを使えば、よりお手軽にクリティカルシンキングができるようになっている。同時に、「6つの帽子思考」は本来的にはラテラル・シンキングを支援するツールであり、これにより新しいアイデアに辿り着く方法論も示されている。最近、下火気味ではあるが、デザイン思考も新しい考えに辿り着く方法を示してくれている。

だが、何よりも私は読者のみなさんが自分のイマジネーション（想像力）を鍛え続ける不断の努力をすることを切に願っている。我々は自分の想像力の外の世界には辿り着けないのだ。想像力を鍛える手段は、その人その人の癖と好みで決めればいい。ただ、常に想像力を膨らませる意識が重要なのである。

アインシュタインの「想像力は知識よりも重要だ。なぜなら、知識には限界があるが、想像力は世界全体を包み込み、進歩を刺激し、進化を生み出すからだ（Imagination is more important than knowledge. For knowledge is limited, whereas imagination embraces the entire world, stimulating progress, giving birth to evolution.）」という言葉でこのお願いを締めたい。

お願い7　時間軸への意識を増す

　ブランドの話をする時に、広がりの捉え方に悩まされることが多い。広がり方として、ステークホルダーの広がりと時間軸の広がりがある。リーダーシップに関する章ではカーボンフットプリントを例にスコープ3の話をするべき時にスコープ1の話になるリスクをお伝えしたが、ここでは特に時間軸をいう広がりの話をする必要がある。

　バークシャー・ハザウェイ Bのウォーレン・バフェットが「信頼を築くには20年かかるが、壊すのは5分でできる」と言ったことは有名だが、これは努力の話ではなく時間軸の捉え方の話と考えるべきではないか。それはつまり、世界観の捉え方である、と私は考えている。全ての会社には、少なくとも4つの時間単位が存在している。1つは、評価単位。次は、予算単位。次に、計画単位。そして、ビジョン単位。過去には評価単位と予算単位が同期していることが多かったが、時限での目標設定の重要性を落とし継続的フィードバックを行う企業も出てきたことから、このデカップリングは進んでいると言ってもいいだろう。また、計画単位に関しては、年次計画、中期経営計画、長期経営計画に分かれることが多く、年次計画は予算と同一時間単位であることも多い。ここにブランド単位という単位が本当はもう1つ必要になる（図11-1）。

最終章｜ブランディング転換点4：これからのブランドに携わる人たちへ｜　253

図11-1 | 経営に"ブランド単位"を入れる

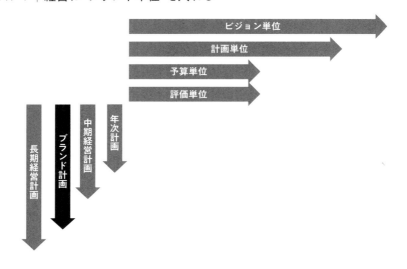

　この単位の特徴は、実態が変わるのに必要な時間軸とステークホルダーのパーセプションを変えるのに必要な時間軸の最小公倍数を探すことである。多くの場合、実態が変化するには、1〜2の事業（プロダクト）ライフサイクルが必要である。当然これはオーガニックグロースを前提としており、インオーガニックグロースを前提とした場合は異なると思われるが、それでも企業文化を根本で変えるには、数年はかかるというのが定説だろう。

　これは、何も目新しいことではない。ほとんどの経営者はこの話を、「それはそうだ」と言うだろう。だが、実際には時間軸を分解して議論されることがほとんどない。そこで試してほしいのが、時間軸の違いではなく、「世界の違い」として捉え直してみる、ということである。ここで、ドイツの生物学者・哲学者であるヤーコプ・フォン・ユクスキュルが提唱した環世界という概念を使ってみたい。これは、雑にまとめてしまえば、世の中の存在は同じ世界には生きていない、各々が異なる世界に生きている、という考え方である。我々には当然と思われる世界の在り様が、他の生物の世界の捉え方においては当然でない、ということである。詳細は専門書に譲りたいのだが、簡単に具体例を示してお伝えしたい。ヤーコプ・フォン・ユクスキュルはマダニを例にそれを示している。色々と興味深い内容と示唆に富んだ例なのだ

が、マダニは食に辿り着けるまで、気の遠くなるような時間軸で生きていて、ある研究所では18年間にわたり食事をすることなく生き延びたマダニが観察された、という。

食事をしない期間としての18年という時間を、数時間に一度食事をする人間の世界観の中では理解も想像もできない。ただ、これはマダニという具体性を持つ生物がいるので、我々は想像しうるのである。

さて、ブランディングの話に戻そう。年次予算を策定する時の環世界と、ブランディングを考える時の環世界を、連続する時間軸の中ではなく、独立する異なる世界の相互関係という世界観の中で捉えることができているだろうか。これからブランディングに取り組む時には、ぜひ単純な時間軸の広がりや狭まりの視点から理解するのではなく、環世界の視点から再度捉えることを試みてほしい。

本項を締める前に、ステークホルダーの広がりに戻り、1つだけお伝えしたい。それは、スコープの捉え方における距離感と質感の話である。スコープ1からスコープ3への話は距離感の話であるが、同時に質感にも理解と注意が必要である。質感とは、関係性の質である。マルセル・モースの贈与論において語られている一般交換と限定交換の考え方に沿って少しレビューしたい。というのも、前出の環世界の話とも被るが、事業における多くの環世界では限定交換を大前提としたステークホルダーマネジメントが前提となっている。要するに、対価交換である。しかし、マルチステークホルダーとの絆の構築を考えると、一般交換を前提としたダイナミックスの再解釈を行う必要がある。近視眼的資本市場において「無駄」とされる取り組みになる。幸い、ブランドというベールをまとうことである程度の説明力を持つことができる可能性がある。その時に、しっかりとスコープ3まで世界の境界線を引き延ばしてビジョンを描くことが大切になる。

最後の最後に

　どちらかといえば、ブランディングに関わる人でも、経営者をイメージしながらこの章には向き合ったことで、読者によっては少し距離を感じた人もいたかもしれない。そうであれば、真摯に謝りたい。同時に、この本では徹頭徹尾ブランディングを経営というレイヤーで捉えることにこだわってきた。それは、本当に真摯にブランドをなそうとするのであれば、経営として取り組むことが必要だからである。「Brand is a strategy brought to life（ブランドとは経営戦略の具現化である）」という言葉には重みがある。ピーター・ティールは著書『Zero to One　君はゼロから何を生み出せるか』で競争優位の前提としてのモノポリー構築のために4つの要素としてブランドを掲げている。ウォーレン・バフェットは「A great brand is a wonderful thing to own（優れたブランドを所有することは素晴らしいことです）」とブランドに価値を見いだし、また「資本主義はダイナミックな世界であり、高い利益を達成している『城（企業）』は、競争相手からひっきりなしに攻撃を受けます。そんな状況下でも、永続的な成功を可能にするためには、低コスト構造を達成している業者、あるいは世界的なブランドを持つ業者が持つ強力な防壁が欠かせません」とブランドの戦略的重要性に言及している。バフェットのパートナーであるチャールズ・マンガーは「ブランド力の強さは、自社の競争優位を守るのだ」という趣旨のコメントを残している。アップルの創業者であるスティーブ・ジョブズのブランドへの確信はあえて語るまでもないだろう。ブランドの可能性は無限大であるし、ブランドに取り組むことで価値を高められる日本企業は無数にある。ただし、「ブランディングの定義をアッ

プデートできれば」という前提である。PBRを1倍以上にする、というのは
あまりにも寂しい目標ではないか。その先の価値をブランドとともに作って
いこう。

　最後にこれからのブランディングのストーリーを思い描きながら、本書に
終止符を打ちたい。
　変化を求められたブランドは、社会におけるリーダーシップを取り、人と
の関係においては享受価値の実現における意味合いを持つことで、価値のブ
ランドから意味のブランドへと変革した。これらの企業は、出稿量で出稿量
を洗い、新製品で新製品を洗う、不毛なスクラップアンドビルドの螺旋階段
を駆け降りるレースから身を引き、人々と意義と意味のレベルでつながるこ
とに成功した。これは頭脳でも感情でもなく、精神のレイヤーでのつながり
である。全ては体験を通じてブランドとして身体知に落とし込まれることで
生まれる絆である。このブランド構築に成功した企業は、採るべき人材を採
用し、組むべき企業連合を構築でき、投資家からは信頼と信任を受け、生活
者や顧客からは絆に基づく活動許可を受けた。ブランドがすなわち事業であ
り、それは不可分な存在として企業は成長していった。

あとがき

ブランディングの発展を確信して

　ここまで読んでいただいて、どんな感想だっただろうか。いったんこ
こで筆をおいて、「#経営としてのブランディング」にて感想を呟きつつ、
Amazonで感想を書いてほしい。そう、お気づきの通り、これは我々とあな
たとコ・クリエーションである。

　どうだろうか。想像するに、「目から鱗」や「これまでのモヤモヤを言語
化してくれた」などとポジティブに捉えてくれる読者もいれば、「ブランド
を軽く見ている」「ブランディングの本質をわかっていない」と憤る読者も
いるだろう。まさにこれこそが我々としての狙いである。本書の内容は、ブ
ランディングにおいてはかなり野心的だったと言っても過言ではないだろ
う。これまでの仕事を批判・否定されたと考えるブランドの専門家の方々も
多いと思う。もっと言えば、インターブランドにおいても、そう感じるメン
バーがいるのがリアリティだろう。

　言い訳ではなく、丸く収めようということでもなく、フラットに聞いてほ
しいことがある。それは、「これまでのブランディングが間違っている」と
いうメッセージを届けたい本ではないことである。ブランディング3.0をや
る必要性がある状況を説明することにかなり注意深く、かなりこだわって説
明をした。それは、市場の変化、顧客の変化、従業員の変化、社会の変化、
マルチステークホルダーの変化、これが起きていると捉えれば、そしてそれ
が自社の事業実態における変容を要請しているのであれば、ブランドは変容
しなければならないし、ブランディングは大胆に変化しなければならない、
ということである。だから、そんな変化の必然を感じている人は、ぜひ本書
の内容を理解し解釈し、実践に移してほしい。同時に、だからこそ、あなた
から見える世界がそれほどの変化を遂げていないのであれば、もしくは、あ
なたの会社がそのような変容を遂げる必要なく成功できるのであれば、本書
の内容は笑って忘れてもらい、これまでの成功律に沿った、time-tested方法

論に従って、ブランディングに取り組んでほしい。なお、そういう方には、それでもここまで読んでいただけたことに感謝を申し上げます。

　序章で記させていただいたことに戻りたい。優雅なる停滞を思考停止でよしとしないでほしい。最終前章に立ち戻りたい。フレームワークと理論の奴隷にならないでほしい。読中に、読後に、あなたの違和感を呼び起こすことができれば、本書は成功である。

　本書はインターブランドジャパン40周年をきっかけに立ち上がったプロジェクトである。内容に関しては、インターブランドジャパンの実績、インターブランド（グローバル）の知見と方法論、インターブランドジャパンのメンバーの経験に多くを負っている。在職者にも卒業生にも、心から感謝を伝えたい。

　本書の主要4執筆者の1人である畠山がリードし、実現したプロジェクトである。戦略チームをリードしてきてくれた畠山のリーダーシップが果たした役割は、本書の発行において非常に重要な役割を果たしてくれた。ありがとう。主要4執筆者のメンバーである東と志賀は、各テーマの専門家として、思想編が現実において意味を持てるように、地に足の着いた内容に落とし込んでくれた。感謝したい。そして、コラムを執筆してくれた、佐藤紀子、平井紀子は、本編ではカバーしきれないが伝えるべきテーマに対して、意欲的に取り組んでくれたことで、本書の色彩が豊かになった。感謝。そしてこれまで弊社とお付き合いいただいたクライアントの皆様。皆様とのプロジェクトの経験なくして、本書は存在しえませんでした。感謝申し上げます。また、直接お仕事をさせていただいていない中でも、イベントなどで弊社とお付き合いいただいている経営・ブランディング・マーケティング・コミュニケーション・広報・IPなどのプロフェッショナルの皆様。直接の利害関係がない中でも、皆様の経験を共有いただき、お時間を使っていただくことにおいて、躊躇いなくご協力いただき、ありがとうございます。そして、我々に時間を割いていただいている、企業トップの皆様。皆様のブランディングに対する理解・感覚・想像力にどれだけの刺激を頂戴しているか、言葉ではお伝えしきれないほどの感謝を感じています。本当にありがとうございます。

　そして、本書出版を全力でサポートしてくださった、日経BPの皆様、そ

して、今回私に思想編を中心に、多くの執筆領域を任せてくれたインターブランドジャパンのメンバー全員に、改めてお礼を伝えたい。

　そして、かなり自由奔放に筆を走らせたことでかなりきわどい記述もあったこと、どうでもいい本にならないためにかなりの覚悟で踏み、単なる事実の列挙にならないポジションの本を目指した。また、インターブランドとして語ったことと、違う（と取られても仕方ないような）表現もあえて残した。例えば社内でのレビューでも「フレームワークを否定するとは、自己否定をしているのか」という批判とも向き合った。これらのことで気分を害された読者の方々には、その責任は一義的に私個人に帰することをお伝えする。ごめんなさい。

　また、いくつかのキーワードや考え方や概念に関して、詳細な説明に踏み込まないで終わらせているケースもあります。これに関しては、読者の皆様が思いを巡らせる余白だと思ってもらえると嬉しいです。全ての答えを提供して完全なる円を提供するよりも、不完全な円を補完してもらったほうがいい読書体験になると信じている。

　今後のあるべきブランディングの姿を思想的においても実践的においてもかなり詳細に眺めてきたこの１冊を通じて、なぜ、どのように、そして、どう変わるべきなのか、のイメージをお持ちいただけたことを願っている。

　最後に筆をおく前に、もう１つ私からお願いをしたいと思う。

【もしあなたが社長なら】あなた自身が企業ブランドそのものである

　果たして何人の社長が本書をここまで読んでくれたのか、想像もできない。でも、もしあなたがその１人であるならば、あなた自身が企業ブランドである、と思ってほしい。企業トップの姿こそが企業ブランドを創る時代が来ている、と想像してほしい。あえてあまり使わなかったが、リーダーシップも享受価値も、これからくる倫理・プラットフォーム・創発的戦略も、全て個性という表現に落とし込むことができる。だが、組織が自然と持つ個性だけでは、不十分かもしれない。それは強烈度であったり、わかりやすさで

あったり、その変化速度であったり、である。その時に、ブランドを代表できるのが、企業トップなのだ。

　例えばスティーブ・ジョブズを見れば、その一例は明確だろう。イーロン・マスクもそれを地で行っている。日本で言えば、ファーストリテイリングの柳井正氏やソフトバンクの孫正義氏、ニデックの永守重信氏などがすぐに想起される。だが、これは創業者でなければできないことではない。

　例えばマイクロソフトのサティア・ナデラは雇われ社長であるにもかかわらず、ここ数年でマイクロソフトという企業のイメージを一変させたのではないか。日本では、例えば私がアドバイザーを務めさせていただいている味の素の藤江太郎氏は、確実に味の素という企業のイメージを変えていると言ってもいいのではないか。1つ注意してほしいのは、これはカリスマ的な人間でないとできないことではない、ということである。ロバート・K・グリーンリーフが提唱したいま流行りのサーバントリーダーシップであっても、ダニニル・ゴールマンが提唱したコーチング型や調整型、仲良し型であっても、それはスタイルの話であり、個性を形作る力の有無とは関係ないのである。そして、あえて物議を醸す見解をお伝えするならば、サクセッション・プランニング（後継者計画）における1つの評価軸に、（もしブランドの力を信じるのであれば）社長のブランド体現力、ブランド実現力、ブランド発信力を入れるべきなのである。

　あなたはどうあれば、あなたの会社というブランドを体現できるのだろうか？

2024 年 12 月

執筆者を代表して

並木将二

【インターブランドについて】

　インターブランドは、1974年ロンドンでの設立以来約50年にわたり、常に世界をリードするブランディング専門会社として、戦略、クリエイティブ、テクノロジーの組み合わせにより、クライアントのブランドとビジネス双方の成長を促進する支援を行っている。

　社会環境の不確実性が増す一方で、選択肢はかつてないほど豊富となりイノベーションのスピードが加速を続ける時代の中で、顧客の期待はビジネスよりも速く動き、価値観も変化し多様化している。変化を続ける人々のインサイトの奥に潜む真理を探求し、その想いや期待するところをいち早く捉え、期待を超える体験を提供することを決断し、実践すること。インターブランドではこうした決断と実践のアクション（Iconic Moves™）が必要だと考えている。

　インターブランドではISO（国際標準化機構）により世界で最初にブランドの金銭的価値測定における世界標準として認められた「Brand Valuation™（ブランド価値評価）」をはじめとする先端的な分析手法を用いる戦略チームと、数多くの受賞歴と高い創造性を持つクリエイティブチーム、そしてブランドを社会に実装するエクスペリエンスアクティベーションチームが一つのチームとなり、クライアントの成長のパートナー（Growth Partner）として、ありたい姿から事業を捉え直し（Envision）、需要を創造し（Innovation）、ステークホルダーの行動変容を起こす（Transformation）ことを軸にプロジェクトを支援。

　インターブランドジャパンは、ロンドン、ニューヨークに次ぐ、インターブランド第3の拠点として、1983年に東京で設立。日系企業、外資系企業、政府・官公庁など様々な組織・団体に対し、顧客との共創ワークショップなどを通じて経営に顧客視点を組み込む支援などを含め、グローバルの先進的なアプローチや知見を取り入れた、従来のブランドの枠を超えたブランディングサービスを提供している。

　インターブランドジャパンについての詳しい情報はhttps://www.interbrandjapan.comをご覧ください。

【執筆者紹介】

並木 将仁 （なみき・まさひと）

株式会社インターブランドジャパン代表取締役会長 兼 社長 兼 CEO

戦略コンサルティングファームにて、企業戦略、事業戦略、ブランド・マーケティング、デジタル、M&A などにおけるコンサルティングを中心に、包括的に企業の成長を支援。その後、2015 年にインターブランドに参画。ブランドを基軸にした経営者支援や、事業・企業戦略とブランドの統合、経営層へのブランド理解浸透支援や、事業変革におけるブランドの活用等、経営としてのブランドへの取り組みを主眼として、クライアント支援を実践している。味の素株式会社バリュー・クリエーション・アドバイザリー・ボードメンバー、公益社団法人日本マーケティング協会（JMA）マーケティング・マイスターなどを兼任。本著では思想編および最終前章、最終章担当。

畠山 寛光 （はたけやま・ひろみつ）

株式会社インターブランドジャパン
シニアエグゼクティブディレクター　ヘッドオブストラテジー

大手酒類・飲料メーカーを経てインターブランドに参画。以来、国内・海外のブランド価値評価を中心に、企業価値向上に向けたブランド体系整理、ブランド体験構築、グローバルブランドガバナンス体制構築など、多岐にわたるブランディングテーマについて、B2C、B2B 問わず様々な業界のクライアント支援に従事。クライアント様の 1 社 1 社異なる企業価値向上とブランドの結びつきを明らかにし、真に効果的な解決策を提案すべく、日々ブランド体験の現場に足を運んでいる。『ブランディング 7 つの原則』『ブランディング 7 つの原則（実践編）』共に共著。本著では実践編担当。

東 洋介 （あずま・ようすけ）

株式会社インターブランドジャパン
クリエイティブディレクター

国内のクリエイティブエージェンシーやブランディングエージェンシーを経て、2014 年にインターブランドに参画。プロモーションやマーケティングの領域とアイデンティティの領域、戦略とクリエイティブを融合させることを得意とし、ブランドとその活動を、クライアント／消費者／社会にとって意義のあるものにするべく、CI ／ VI、社内外エンゲージメント、顧客体験設計などを手掛けている。本著では実践編担当。

志賀 亮子 （しが・あきこ）

株式会社インターブランドジャパン
アソシエイトエグゼクティブディレクター
ストラテジーグループ

戦略コンサルティングファーム、医療機器メーカー、食品・飲料メーカー等を経て、2015 年よりインターブランドに参画。消費財、ラグジュアリーグッズ等のブランドマネジメントにおいて幅広い知見を有する。インターブランドにおいては、自動車、金融、製造業、飲料をはじめとする幅広い分野において、ブランド戦略策定、ブランド管理体制の構築、コミュニケーション戦略支援等に携わっている他、顧客インサイトを起点としたブランド構築をリードしている。本著では実践編担当。

佐藤 紀子 （さとう・のりこ）

株式会社インターブランドジャパン
シニアエグゼクティブディレクター　ヘッドオブクライアントサービス＆ソリューション
コラム「マーケティングに立てるべき『問い』は？」担当

平井 紀子 （ひらい・のりこ）

株式会社インターブランドジャパン
エグゼクティブクリエイティブディレクター　ヘッドオブクリエイティブ
コラム「サステナブルなブランドデザインの未来」担当

経営としてのブランディング

2024年12月25日　1版1刷

編者	インターブランドジャパン
	©Interbrand Japan, 2024
発行者	中川ヒロミ
発行	株式会社日経BP
	日本経済新聞出版
発売	株式会社日経BPマーケティング
	〒105-8308 東京都港区虎ノ門4-3-12
カバーデザイン	山之口正和(OKIKATA)
本文デザイン・組版	小林祐司
印刷・製本	三松堂株式会社

本書の無断複写・複製(コピー等)は
著作権法上の例外を除き、禁じられています。
購入者以外の第三者による電子データ化および電子書籍化は、
私的使用を含め一切認められておりません。
本書籍に関するお問い合わせ、ご連絡は下記にて承ります。
https://nkbp.jp/booksQA

Printed in Japan　ISBN978-4-296-11942-4